\ START UP /

民法 判例30!

HANREI

④ 債権各論

中原太郎
幡野弘樹
丸山絵美子
吉永一行

有斐閣

Preface

はしがき

　本書は，債権各論と呼ばれる分野，具体的には契約，事務管理，不当利得，不法行為の分野を初めて学ぶ方のために作られた判例集です。民法の勉強をする際には，判例をきちんと理解することがとても大事です。判例は，条文に示された抽象的なルールが具体的な場面でどう適用されるかを明らかにしたり，相互に矛盾・衝突しうるルールを調整したりする役割を果たしているので，本当の意味で民法を理解したといえるためには，条文だけでなく判例により形成されたルールもよく知っておく必要があるのです。債権各論分野の中でも，不法行為法はとりわけ判例の重要性が高い分野です。なぜなら，不法行為の条文数は少なく，多くのルールは判例により形成されているからです。

　判例を学ぶのは実は簡単ではありません。難しい理由は大きく分けて4つあるように思われます。第1に，事案が複雑な場合があります。第2に，訴訟の中で何が問題となっているのか，分かりにくい場合があります。第3に，今勉強している分野ではない知識が，前提として必要な場合もあります。第4に，これまでの判例の解説は，時として難解なものもあります。

　そのような難しさを解消するために，本書を含めたこのシリーズはさまざまな工夫をしています。第1の事案の複雑さについて，本書では適宜簡略化して，場合によっては判例により示されたルールを理解するのに必要な情報のみに絞り込んでいます。第2の訴訟で問題となっているポイントについては，〔読み解きポイント〕という欄を作り，何が問題となっているかを明示しています。また，〔読み解きポイント〕に対応した〔この判決が示したこと〕という欄も作り，その問題に対して判例がどのように応答したかについても端的に示すことにしています。第3，第4の点（前提知識の説明や解説の難しさ）については，次のような工夫をしています。まず，章扉や各節の Introduction の部分で各分野の基本的な知識を確認しています。また，今勉強している分野以外の前提知識

については，欄外の注で適宜示すことにしています。欄外の注は，より詳細な情報や関連する判例を紹介するためにも用いています。各判例の解説についても，難しい学説や理論には立ち入らず，その判決の理解に必要なことにしぼって，コンパクトにわかりやすく説明しています。

　債権各論分野で学ぶべき判例はたくさんあります。その中でも，本書ではまずはじめによく理解して欲しい判例を30に絞り込みました。この絞り込みにあたり，初めて学ぶ方にとってどの判例が重要かを考慮した結果，いくつかの類型の契約（消費貸借契約，使用貸借契約，組合契約など）および事務管理に関する判例は掲載しないことになりました。その上で，それぞれの節で次のステップとして学んで欲しい判例について，〔もう一歩先へ〕の欄で紹介をしています。本書が，教科書やより高度な判例解説を読む際の橋渡しの役目を果たすことができればと思っています。

　判例集はすでに数多く刊行されています。その中で，何か私たち4人にアピールできることがあるとすれば，それは皆さんに伝えたいという気持ちだと思います。どんなに入れ物（たとえば，〔読み解きポイント〕などの形式を整えること）を工夫しても，そこに書き手が「分かって欲しい，伝えたい」という気持ちを込めなければ，本当の意味で初めて債権各論を学ぶ人に読んでもらえる本にはならないと思います。その気持ちだけは他の本に決して負けていないと思っています。

　本書の執筆にあたっては，有斐閣編集部の土肥賢さん，藤本依子さん，渡邉和哲さんに大変お世話になりました。私たち4人が和気あいあいとした雰囲気の中（著者紹介欄の写真をご覧いただきながら，その雰囲気をご想像ください），充実した執筆者会合を開くことができたのも，また，比較的短期間で本書を完成させることができたのも，お三方の献身的なご助力のおかげであると思っております。この場を借りて心よりお礼申し上げます。

2017年9月

中原太郎
幡野弘樹
丸山絵美子
吉永一行

Authors

著者紹介

小石川植物園にて（2017年7月撮影）

丸山絵美子
Maruyama Emiko

慶應義塾大学教授

日常生活で紛争が生じても，裁判ではなく，話し合いで解決を試みることが多いでしょう。しかし，納得のいく，落ち着きの良い解決の提案には，裁判所が法をどのように解釈・適用しているのか知っておくことが大切です。事件の登場人物が生身の人であることを忘れずに，じっくり事案と判決を読み，解説を手がかりに納得のいく解決を考えてみましょう。

執筆担当：I 扉，I -1＆2 Intro.・もう一歩先へ 判例 02，05，10，14，18，21，25，29

中原太郎
Nakahara Taro

東京大学教授

民法が苦手で，だからこそもっと勉強しなきゃと思って研究を始めた自分が，こうして民法の教材を作るというのは，とても不思議な気分です。15年かけて実感するのは，面白いと思えるようになるには，結構な我慢が必要なこと。でも最初は，わかりやすいものを読むに越したことはありません。少しでも皆さんのお役に立てたらいいな，と思います。

執筆担当：III 扉，III -1＆3 Intro.・もう一歩先へ 判例 01，07，08，12，16，20，23，27

吉永一行
Yoshinaga Kazuyuki

東北大学教授

迷路の解き方をご存知ですか？　行き止まりになっている道を塗りつぶしていくという作業を繰り返すと，自ずとゴールまでの道が浮かび上がるのです。法律学の勉強も，最短距離をがむしゃらに行こうとするのではなく，理解不足や思考の飛躍といった行き止まりを上手に反省することで，正しい理解や思考の道筋を浮かび上がらせてください。

執筆担当：I -4 Intro.・もう一歩先へ，II 扉・Intro.・もう一歩先へ，判例 03，06，11，15，19，22，26，30

幡野弘樹
Hatano Hiroki

立教大学教授

私はフランスが大好きです。いちばんのお気に入りの場所は，サン・シルク・ラポピー（Saint-Cirq-Lapopie）という，山の中を流れる川が削った断崖絶壁の上にある中世の面影を残した村です。民法の勉強も大事ですが，さまざまな世界を眺めて，今いる日本の社会，そしてその社会にあるルールを疑う目も養ってください。

執筆担当：I -3 Intro.・もう一歩先へ，III -2 Intro.・もう一歩先へ，判例 04，09，13，17，24，28

Contents

目次

はしがき i

著者紹介 iii

本書の使い方 viii

凡例 x

Chapter I — 契約　　　　　　　　　　　　　　　　1

1. 契約総論

Introduction 2

01 契約の成立——契約交渉当事者の責任（東京地判平成18·2·13）........... 3

02 契約の効力——事情変更の原則（最判平成9·7·1）..................... 7

03 契約の解除——複合契約の場合（最判平成8·11·12）.................. 10

もう一歩先へ／債務の履行を拒絶できる場合 13

2. 財産権移転型契約

Introduction 14

04 売買①——手付と「履行の着手」（最大判昭和40·11·24）............... 15

05 売買②——数量不足と値上がり利益の損害賠償（最判昭和57·1·21）...... 18

06 売買③——品質·性能の判断基準時（最判平成22·6·1）............... 21

07 贈与——書面によらない贈与の解除（最判昭和60·11·29）............ 24

もう一歩先へ／他人物売買 27

3. 賃貸借契約

Introduction		28
08	賃貸借①──借地権の対抗要件（最大判昭和41・4・27）	30
09	賃貸借②──信頼関係破壊の法理（最判昭和28・9・25）	34
10	賃貸借③──更新拒絶の「正当の事由」（最判昭和58・1・20）	37
	もう一歩先へ／サブリース	40

4. 役務提供型契約ほか

Introduction		41
11	請負──目的物の所有権の帰属（最判平成5・10・19）	42
12	委任──任意解除と損害賠償（最判昭和56・1・19）	45
13	寄託──誤振込（最判平成8・4・26）	48
14	和解──後遺症と示談（最判昭和43・3・15）	52
	もう一歩先へ／雇用・組合	55

Chapter

Ⅱ － 不当利得 　　　　　　57

不当利得

Introduction		58
15	一般不当利得──代替物の処分と返還されるべき金額（最判平成19・3・8）	59
16	特殊不当利得①──不法原因給付（最大判昭和45・10・21）	62
17	特殊不当利得②──転用物訴権（最判平成7・9・19）	65
	もう一歩先へ／騙取金銭事例	68

Chapter Ⅲ － 不法行為 69

1. 不法行為の要件

	Introduction	70
18	過失①──過失の意義（大判大正5・12・22）	72
19	過失②──診療契約に基づき医療機関に要求される医療水準（最判平成7・6・9）	74
20	権利・利益侵害①──保護法益の拡大（大判大正14・11・28）	78
21	権利・利益侵害②──景観利益の保護のあり方（最判平成18・3・30）	82
22	因果関係──高度の蓋然性の証明（最判昭和50・10・24）	85
23	損害──収入の減少がない場合（最判昭和56・12・22）	88
	もう一歩先へ／名誉毀損	90

2. 不法行為の効果

	Introduction	91
24	損害賠償の範囲──相当因果関係（大連判大正15・5・22）	92
25	損害額の算定──年少女子の逸失利益（最判昭和62・1・19）	96
26	過失相殺──被害者の能力（最大判昭和39・6・24）	99
	もう一歩先へ／損益相殺	102

3. 特殊不法行為

Introduction		**103**
27	監督義務者責任——親権者の責任（最判平成27・4・9）	**105**
28	使用者責任——暴力団組長の責任（最判平成16・11・12）	**109**
29	土地工作物責任——瑕疵の判断基準（最判昭和46・4・23）	**113**
30	共同不法行為——交通事故と医療事故の競合（最判平成13・3・13）	**116**
	もう一歩先へ／特別法上の不法行為	**120**

判例索引	**121**

本書の使い方

1 タイトル
この項目で学ぶことを示しています。

2 サブタイトル・事件名
この項目で取り上げた判例を指してよく使われる事件名がある場合には記載しています。

3 判例
この項目で取り上げる判例です。この場合、最高裁判所で平成7年6月9日に出された判決のことです。詳しくは、「凡例」(p.x)を参照してください。

4 出典
ここに掲げた書誌に、この項目で取り上げた判決文の全文が載っています。「出典」と呼ばれます。「民集」などの略語については「凡例」(p.x)を参照してください。

事案
この事件のおおまかな内容です。

> どんな事案に対してどんな判断が示されたかを順番に確認することが大事！ まずは事案を丁寧に読んでみよう！

---

19 過失②――診療契約に基づき医療機関に要求される医療水準
姫路日赤未熟児網膜症事件
最高裁平成7年6月9日判決〔民集49巻6号1499頁〕　▶百選Ⅱ-75

事案をみてみよう

Xは、昭和49 (1974) 年12月、兵庫県姫路市内の病院で未熟児として出生し、その日のうちに同じ市内にあるYの設営するA病院に転医され、同病院に入院した。Xは、昭和50 (1975) 年2月に退院するまでの間、担当医師による酸素投与または酸素吸入の措置を受けた。この間、Xは、A病院の眼科医による眼底検査を受けたが異常なしと診断されていた。しかし、退院後同昭和50年4月の検査で異常の疑いありと診断され、同月16日にB病院（県立こども病院）で、両眼とも未熟児網膜症が相当に進んだ状態であるとの診断を受けた。昭和51年の提訴当時、Xの視力は、両眼とも0.06であった。

未熟児網膜症は、未熟児の網膜血管の発達が未熟であるところに、酸素投与などが引き金となって発症する疾病であり、最悪の場合には、網膜剥離から失明に至る。その治療法である光凝固法は、昭和42 (1967) 年の日本臨床眼科学会で、成功例がはじめて報告されていた。厚生省（現在の厚生労働省）は、昭和49年になって、本症の診断と治療に関する統一的基準を定めることを主たる目的として、研究班を組織していたが、この研究班が診断基準を作成したのが昭和50年3月、その報告が医学雑誌に掲載されたのは同年8月であった。

他方で、A病院では、未熟児網膜症を意識して、眼底検査を行い、本症が発見された場合には、患者を光凝固法を行う設備のあるB病院に転医する措置をとっていた。ただし、眼底検査にあたる眼科医は、未熟児の眼底検査や本症の診断にあまり経験がなく、そのための特別の修練も受けていなかった。

Xは、A病院の担当医師が適切な眼底検査や光凝固法による治療を行わず、またこれらを行うことのできる病院へ転医することもなかったことは、A病院を設営するYが診療契約上負う債務の不履行を構成するとして、慰謝料の支払を求めて提訴した。これに対してYは、光凝固法は、当時はまだ治療法として確立しておらず、医療機関（あるいはそこに勤める医師）に要求される医療水準を構成していなかったことから、Yには債務不履行はないと反論している。

*1 未熟児網膜症と光凝固法
未熟児は肺機能が未熟であるため酸素を投与する措置がとられるが、こうした酸素投与が未熟な網膜血管の異常発達の引き金になることがある。日本では、未熟児に対する酸素投与が行われるようになったことで本症の発生が増加していることの指摘が昭和39年に発表されている。光凝固法は、異常発達した網膜血管に強い光（現在ではレーザー）を瞬間的に当てて患部を凝固させ、網膜症の進行を止めるものである。昭和20年代にドイツにおいて網膜剥離の治療法として開発され、その後、糖尿病性網膜症の治療に応用されていた。

読み解きポイント

新しい治療法が普及する途上にあり、まだ全国で統一的な治療の指針が発表されていない時期において、この新しい治療法もまた医療機関にとっての医療水準

読み解きポイント
以下の判決文を読むときにどのようなところに着目すればよいか、意識するとよいポイントを説明しています。

エンピツくん
性別：たぶん男子。
年齢：ヒミツ。
モットー：細く長く。
シャーペンくんをライバルと思っている。

判決文

ここが，裁判所が示した判断をまとめた部分です。全文は実際にはもっと長いものですが，ここでの学習に必要な部分を抜き書きしています。判決文の中でも，特に大事な部分に下線を引いています。

判決文は，この事件について裁判所がどう判断したか，という部分。言い回しや言葉づかいが難しいところもあるけれど，がんばって読んでみよう！

この判決が示したこと

ここまでに読んだ判決文・決定文が「結局何を言いたかったのか」「どんな判断をしたのか」を簡単にまとめています。〔読み解きポイント〕にも対応しています。

 ## 解説

用語や考え方，背景，関連事項など，この判例を理解するために必要なことを説明しています。

解説を読むと，この判例の意義や内容をより深く理解できるよ！

左右のスペースで，発展的な内容や知っていると役立つことを付け加えています。余裕があれば読んでみましょう。そのほか，判決文の現代語訳を付けたところもあります。参考にしながら読んでみてください。

Explanatory Notes

凡例

👉 判例について

略語

[裁判所]

大連判	大審院連合部判決
大判	大審院判決
最大判（決）	最高裁判所大法廷判決（決定）
最判（決）	最高裁判所判決（決定）
高判（決）	高等裁判所判決（決定）
地判（決）	地方裁判所判決（決定）

[判例集]

（大審院時代；日本国憲法施行〔昭和22.5.3〕の前日まで）

民（刑）録	大審院民事（刑事）判決録
民集	大審院民事判例集

（最高裁判所時代）

民（刑）集	最高裁判所民事（刑事）判例集
下民	下級裁判所民事裁判例集
判時	判例時報
判タ	判例タイムズ
金法	旬刊金融法務事情
金判	金融・商事判例

表記の例

最高裁昭和40年11月24日大法廷判決（民集19巻8号2019頁）
または
最大判昭和40・11・24民集19巻8号2019頁

「最高裁判所」の大法廷で，昭和40年11月24日に言い渡された「判決」であること，そしてこの判決が「民集」（最高裁判所民事判例集）という判例集の19巻8号2019頁に掲載されていることを示しています。

👉 当事者関係図について

できごと・契約関係等	→
権利義務関係・一般	→
権利義務関係・強調	⇒
権利義務関係・消滅	⇢
権利変動（債権譲渡など）	⇨
当該判例事案での請求	⇝

所有関係	▱
抵当権	▱
債権の差押え	↓

👉 法令名について

・民法については，原則として条文番号のみを示し，その他の法令については一般の例によりました。
・本書で「民法改正」とあるのは，とくに断りのない限り，平成29（2017）年の民法（債権関係）改正（平成29年法律44号）による改正をさします。

👉 判決文・条文などの引用について

「　」で引用してある場合は，原則として原典どおりの表記としていますが，字体などの変更を行ったものや，濁点・句読点，ふりがな，下線，傍点などを補ったものがあります。引用の「　」内の〔　〕表記（小書き）は，著者による注であることを表します。

👉 その他

本シリーズの他の巻の判例を表す場合には，「[物権・判例01]」のように［書名・判例番号］を示しました。また，有斐閣『民法判例百選Ⅰ・Ⅱ〔第9版〕』に掲載されている判例は，「百選Ⅰ-1」のように巻の番号と項目番号を示しています。

Chapter I

本章で学ぶこと

1. 契約総論
2. 財産権移転型契約
3. 賃貸借契約
4. 役務提供型契約ほか

契約

民法典の目次をみてみよう。第3編債権の第2章～第5章は，債権各論と呼ばれ，債権の発生原因別に構築されている。債権の発生原因として，契約（**Chapter I**）・事務管理・不当利得（**Chapter II**）・不法行為（**Chapter III**）がある。契約は，相対立する意思表示の合致に基づいて債権を発生させる行為である。これに対して，事務管理・不当利得・不法行為は，当事者の意思表示にかかわらない債権発生原因である。

民法典は，契約の代表的類型として，13種類の典型契約について規定を置いている。各種契約に特有の事項を扱う部分は契約各論，契約一般に妥当する問題を扱う部分は契約総論と呼ばれる。典型契約からはみ出す内容の契約を締結することも自由である。しかし，どのような規定が用意され，判例が展開されているかを知ることは，多様な契約紛争を解決するうえで重要である。

本章は，契約総論（I-1），財産権移転型（贈与・売買・交換）から贈与，売買（I-2），貸借型（消費貸借・使用貸借・賃貸借）から賃貸借（I-3），役務提供型（雇用・請負・委任・寄託）ほか（組合・終身定期金・和解）から請負，委任，寄託，和解（I-4）の順番で判例をみていく。

Contents

 I　契約
II　不当利得
III　不法行為

Chapter I 契約

1 Introduction

Contents
ココ！ I-1 契約総論
I-2 財産権移転型契約
I-3 賃貸借契約
I-4 役務提供型契約ほか

契約総論

父さんが新車を買おうかどうか迷って，何度も，販売店で話を聞いている。契約書にサインしなければ，「やっぱりやめる」は自由なのかな？ 逆に，契約してしまったら，やめられないのかな？

1. 契約とは？

契約をするかどうかは，自由に決定できる（521条1項）。申込みと承諾の意思表示の合致によって契約は成立する（522条1項）。特に書面を要求されている場合（保証〔446条2項〕，消費貸借〔587条の2〕）以外は，書面は必須ではない（522条2項）。口頭でも，契約は成立し，効力を生ずるのである。

2. 契約の成立前

契約の締結が自由であるとすれば，交渉段階でやめても法的に責任を問われないように思われる。しかし，判例は，自分の言動によって相手方に契約できると期待させ，損害を与えた場合，信義則上の注意義務違反として損害賠償責任を認めている〔→判例01〕。また，取引社会では契約締結の判断に必要な情報を自分で収集するのが原則である。しかし，情報格差や当事者の一方の専門性に着目して，当事者の一方に説明義務・情報提供義務が認められることもある。判例は，契約締結の判断に必要な情報の提供義務違反については，不法行為責任が成立するとしている。[*1]

3. 契約の効力と終了

当事者は契約から生じた債務を履行しなければならない。しかし，契約が解除されれば，契約による債務から解放される〔→判例03〕。催告をしても履行がなく，かつその時点で債務不履行が軽微でなければ（541条），あるいは，契約をした目的を達成するに足りる履行の見込みが明らかにないような場合に無催告で（542条），債権者は当該契約を解除できる。それでは，相手方の債務不履行がない限り，契約によって自分が引き受けた債務から解放されることはないのであろうか。判例は，事情の変化によって債務者が当初の条件で債務を履行することが過酷となった場合に，契約の解除や改訂を認めるという事情変更の原則を認めている〔→判例02〕。

債務がなくなるわけではないが，債務の履行を拒絶できる場合については，〔もう一歩先へ〕をみてみよう。

[*1] 契約締結に関する説明義務違反に基づく損害賠償

判例は，契約の一方当事者が，信義則上の説明義務に違反し，契約の締結の判断に影響を及ぼす情報を相手方に提供せず，相手方が本来であれば締結しなかったはずの契約を締結し，損害を被った場合，債務不履行責任ではなく，不法行為責任を負うことになるとしている。なぜなら，契約締結に関する説明義務を契約に基づいて生じた義務ということは一種の背理となるからである（最判平成23・4・22民集65巻3号1405頁〔百選II-4〕）。

002

01 契約の成立──契約交渉当事者の責任

住友信託銀行対 UFJ ホールディングス事件

東京地裁平成18年2月13日判決（判時1928号3頁）

事案をみてみよう

平成16（2004）年4月，X社（住友信託銀行）は，Aら（A_1〔UFJホールディングス〕，A_2〔UFJ信託銀行〕，A_3〔UFJ銀行〕）との間で，協働事業化に関する交渉を始めた。同年5月，XとAらは，A_2の営業の一部譲渡とそれに伴う資産・負債の移転や，X・A両グループの業務提携に関する基本合意をした。この基本合意書には，それまでの交渉内容のほかに，次の条項が含まれていた。

○ 8条1項　各当事者は，事業・会計・法務等に関する検討，関係当局の確認状況又は調査の結果等を踏まえ，誠実に協議の上，平成16年7月末までを目途に協働事業化の詳細条件を規定する基本契約書を締結し，その後実務上可能な限り速やかに，協働事業化に関する最終契約書を締結する。[*1]

○ 12条前段　各当事者は，本基本合意書に定めのない事項若しくは本基本合意書の条項について疑義が生じた場合，誠実にこれを協議するものとする。

○ 12条後段　各当事者は，直接又は間接を問わず，第三者に対し又は第三者との間で本基本合意書の目的と抵触しうる取引等にかかる情報提供・協議を行わないものとする。

XとAらは協働事業化に向けた交渉を続けたが，Aらは，Aグループの窮状を乗り切るにはYグループ（三菱東京ファイナンシャル・グループ）と統合する以外にはないと判断し，同年7月中旬，Xに対し，本件協働事業化の白紙撤回と本件基本合意の解約を申し入れた。その後，A・Y両グループの間で，経営統合が実現した。Xは，本件基本合意に基づく最終契約締結義務，あるいは独占交渉義務・誠実協議義務にAらが違反したとして，Aらを吸収合併したYらに対し，損害賠償を請求した。[*2]

✓ 読み解きポイント

XとAらは，協働事業化を目指す交渉の過程において，本件基本合意を結んでいる。(1)この予備的な合意は，当事者のどのような義務を定めたものであり，(2)その違反について，当事者はどのような損害賠償責任を負うだろうか。

判決文を読んでみよう

（判決文が長いので引用は最小限にとどめる。）

(1) <u>Aらは最終契約締結義務を負っていたか</u>：本件基本合意書には「最終契約を締

[*1] 予定されていた契約交渉の流れ

この条項には，XとAらが予定していた契約交渉の流れが示されている。

事案の以下の部分にあるように，基本合意は締結されたものの，基本契約まで至ることなく，☆の段階でAらが交渉を破棄した。

[*2] 注意

Yらは，「Xを押しのけてAらと経営統合した」ことについて責任が問われているのではない。「XとAらの交渉を破棄した」というAらの責任をAらとの吸収合併により引き継いだ者として，被告となっているのである。したがって，本件で問題とされているのは，Yらの行為ではなくてAらの行為であることに注意しよう。

***3｜デュー・ディリ
ジェンス**

本件のようなM&A（合
併・企業買収）を行うに
あたり，対象企業の状
況・価値等を適正に把
握するために行われる
詳細な事前調査。

結すべき義務を負う旨を明確に定めた具体的な規定がな」く，同8条1項も，デュー・ディリジェンス[*3]やその後の協議の「結果如何にかかわらず……最終契約を締結する義務を負うことを定めたもので」はない。また，交渉の比較的初期の段階に締結された本件基本合意において，当事者がそのような義務を相互に負うことまで合意したと考えるのは困難である。Aら3社およびXは，基本契約・最終契約を締結するまでは「これらの契約を締結するか否かの自由を有してい」た。

　Aらは独占交渉義務・誠実協議義務を負っていたか：Aら3社はXに対し，本件基本合意書12条後段に基づき，「直接又は間接を問わず，第三者に対し又は第三者との間で本件基本合意書の目的と抵触し得る取引等に係る情報提供・協議を行ってはならないという独占交渉義務」を負っていた。また，同8条1項は，「Aら3社及びXが本件協働事業化に向けて誠実に協議すべき法的義務を相互に負うことを定めたもの」である。にもかかわらず，Aら3社は，Xとの協議・交渉を一方的に拒絶し，Yらグループに経営統合の話を持ちかけたのであり，これらの義務の違反による債務不履行責任を負う。

(2)　最終契約が締結されていれば得られたであろう利益相当額は賠償されるか：2004年7月中旬以降，Aら3社が「独占交渉義務及び誠実協議義務を履行してXとの間で協議，交渉を継続していたとしても，なお，最終契約の締結に至らなかった可能性がないとはいえ」ず，また，それまでに最終契約の内容が確定していたわけではなく最終契約成立により「Xが得ることができた履行利益というものを観念することができない」ため，最終契約が締結されていればXが得られたであろう利益相当額はこれらの義務の違反と相当因果関係にある損害とはいえない。

　最終契約が締結されていれば得られたであろう利益相当額に独占交渉義務・誠実協議義務が履行されていれば最終契約が成立していたであろう客観的可能性を乗じた額は賠償されるか：前述のように最終契約成立による利益は観念できず，また，最終契約成立の可能性が「わずか数パーセント程度といった，……極めて低い場合であったとしても，……わずかな可能性を乗じて相当因果関係のある損害額を算出する」というのは「相当因果関係の解釈として採用し難い」ため，やはり債務不履行と相当因果関係にある損害とはいえない。

⬇ この判決が示したこと ⬇

① 本件基本合意から最終契約締結義務は生じないが，独占交渉義務・誠実協議義務は生じるとし，A（Y）らはその違反につき債務不履行責任を負うとした。

② しかし，最終契約の成立によりXが得られたであろう利益（履行利益）やそれに最終契約成立の可能性をかけ合わせた額の利益は，①の債務不履行と相当因果関係にある損害とはいえないため，その賠償は認められないとした。

解説

Ⅰ．契約の成立と契約交渉破棄による責任

　契約が成立するためには，両当事者の合意が必要である。典型的には，申込みに対して相手方が承諾することで，契約は成立する（522条1項）。もっとも，合意は，このような単純な意思表示の合致によってなされるとは限らない。大規模・複雑な取引では，当事者が交渉を積み重ねて慎重に内容を協議し，最終的な契約の締結に至ることが多い。本件のようなM&A（合併・企業買収）は，その例である。[*4]

　こうしたタイプの契約で特に問題となるのは，交渉を途中で打ち切った（破棄した）当事者が，相手方に対して責任を負うかである。契約を締結するかどうかは当事者の自由であること（521条1項）からすれば，契約締結を思いとどまったとしても責任を問われないのが原則である。しかし，それまでの契約交渉のあり方によっては，相手方に一定の保護・救済を与えるべき場合もある。問題はその法律構成であり，最終的契約は成立していない以上，その違反を理由として債務不履行責任を問うことはできない。考えられるのは，まず，(i)不法行為責任（709条）であり，契約交渉過程において当事者が不法行為法上負う義務（Ⅲ参照）への違反が問題とされる。他方，(ii)当事者が最終契約の締結に向けた何らかの予備的な合意を締結していた場合には，その予備的合意によって負うに至った義務への違反について債務不履行責任（415条）を追及することも考えられる。

　本件で主として争われたのは，上記の(ii)である。XとAらは，協働事業化に向けて，まずは基本合意を締結したところ，次の段階（基本契約の締結，さらには最終契約の締結）に進むことなくAらが交渉を破棄したため，この基本合意の違反による責任が問題とされた。なお，Aらは交渉破棄の後，Yらと経営統合を進めていったため，Xは，本件基本合意に基づく独占交渉権の侵害を理由として，Aらが情報提供や協議を第三者との間で行うことの差止めを求める仮処分命令の申立てをしたが，[*5]最決平成16・8・30民集58巻6号1763頁（以下「最高裁決定」とする。）は，保全の必要性を欠くとして，申立てを却下した原決定を維持した。

Ⅱ．本判決の判断──予備的合意の違反による債務不履行責任

　本件基本合意によりAらはどのような義務を負ったか。これは，本件基本合意の解釈（契約の解釈）の問題である。本判決は，基本合意書の文言や当事者の合理的意思を根拠として，最終契約を締結する義務は生じないとした。他方，基本合意書の文言から独占交渉義務・誠実協議義務は導かれるとし，Aらはそれらに違反したとした。なお，これらの義務は，最終契約を成立させるための「手段」である。そのため，最終契約成立の可能性がなくなれば消滅する運命にあるが，本判決は，いかにAらの拒絶の意思が固くても客観的には最終契約成立の可能性は残されていたとして，それらの消滅を認めなかった（最高裁決定と同様）。

　では，独占交渉義務・誠実協議義務に違反したA（Y）らは，Xのどのような損害について賠償責任を負うか。本判決は，Xが主張した2つの損害，すなわち，①最

---

*4｜その他の例

不動産売買も典型例として挙げることができる。当事者は，目的物件や代金だけでなく，物件の内装・レイアウトや完成・引渡しの時期，登記費用の分担，公的許可の取得，代金支払の時期や方法等，様々な事項を取り決めたうえで，最終的な契約の締結に至るのが普通である。

*5｜仮処分（仮の地位を定める仮処分）

民事保全の一種であり，争いのある権利関係について債権者に生ずる著しい損害又は急迫の危険を避けるために必要な場合に（民保23②），本案訴訟による確定までの間の暫定的な権利関係を定める手続。

終契約の成立により得られたであろう利益（履行利益）と，②上記義務を履行していれば最終契約が成立していたであろう可能性（a%）を①にかけ合わせた額（①×a%）の利益は，いずれも，独占交渉義務・誠実協議義務の違反との相当因果関係が認められず，賠償対象とはならないとした。もっとも，そこでいう「相当因果関係」の意味は不明確であり，また，Xが①と②以外の主張をしなかったため，どのような損害ならば賠償されるのかは明らかにされなかった（本判決後に和解が成立したため，控訴審で争われることもなかった）。

最高裁決定は，本件基本合意の違反によりXが被る損害は，「最終的な合意が成立するとの期待が侵害されることによる損害」であるとしていた。もっとも，そこでいう「期待」が何を意味するのかは明確でない。上記の①が賠償対象とならない理由は，本件基本合意は最終契約の成立を保証するものではないことに求められよう。また，本件独占交渉義務・誠実協議義務の履行によって守られるXの利益は，相手が自分のみと誠実に交渉していることへの信頼であるから，それを前提に支出した費用のみが賠償されると考えれば，②が賠償対象とならないことも理解できる。

Ⅲ. 補論──不法行為責任の場合

本件でXは，A（Y）らの不法行為責任も主張したが，主張内容が債務不履行責任と同じであったためか，簡単にしりぞけられてしまった。けれども，不法行為責任の枠組みは，本来であれば，また別に考えなければならないものである。

契約交渉段階にある当事者は，互いに信義則（1条2項）に従って行為しなければならない関係にある。具体的には，①自分の言動によって相手方を誤解させた場合にはそれを是正する義務を負うほか，②契約締結が確実である段階に至った場合には契約成立へと積極的に協力する義務を負うとされる。当該事案における契約交渉の経緯に照らし，交渉を破棄した当事者は①や②の義務を負っていた（それに違反した）のではないかが問題とされるのである。

このとき，賠償対象の損害は，契約が成立すると信頼したために被った損害（信頼利益）であるというのが，通説である。もっとも，上記の①の場合はそれでよいとしても，②の場合は，契約交渉を打ち切ったこと自体に義務違反が求められるのであり，その義務が保護しようとしているのは，最終契約成立による利益を獲得することへの期待である。履行利益（最終契約成立により得られたであろう利益）の賠償は，契約が成立していないという前提に反するため認められないとしても，それに契約成立の可能性をかけ合わせた額の賠償は，（一定の枠付けが必要であるにせよ）十分考慮に値する。[*7]もっとも，本件は，契約成立可能性が低い段階での交渉破棄であったため，いずれにせよ，これらの利益の賠償は否定されていただろう。

＊6｜「相当因果関係」

債務不履行責任や不法行為責任について，判例は「相当因果関係」という言葉を好んで使うが，その内容は明確でないことが多く，批判が強い。債権総論や不法行為法の教科書（「因果関係」の項目）を参照。

＊7｜民事訴訟法248条

契約成立の可能性を裁判所が認定するのには困難を伴うことが予想されるが，こうした場面での活用が考えられるのが，民事訴訟法248条である。同条によれば，「損害が生じたことが認められる場合において，損害の性質上その額を立証することが極めて困難である」場合には，裁判所が裁量により「相当な損害額を認定できる」。もっとも，この条文の位置付けや意義は，判例・学説上争われている。

02 契約の効力──事情変更の原則

最高裁平成9年7月1日判決（民集51巻6号2452頁） ▶百選Ⅱ-33

事案をみてみよう

A社は，預託金会員制ゴルフクラブ[*1]の経営を始めた。Xらは，昭和46(1971)年から昭和47年に，Aとゴルフクラブ会員契約を締結するなどにより，本件ゴルフ場の会員となった。昭和62(1987)年に，AからB社へ営業譲渡（契約上の地位の移転[*2]）が行われた。本件ゴルフ場は，当初より施工不良があり，長雨も影響して，のり面（傾斜面）が崩壊した。そこで，Bは，平成2年5月末日にすべてのコースを閉鎖して，約130億円を投じて改良工事を行った。その後，BからY社へ営業譲渡が行われ，Yが会員に対する権利義務を承継した。Yは，改良工事に多額の費用を要したことを理由に，Xらに対して，1000万円の追加預託金を支払って，会員資格を維持するか，または，預託金（50～60万円）の償還を受けて退会をするように求めた。これに対して，Xらは，会員資格を有することの確認を求める訴えを提起した。Yは，事情変更の原則または権利濫用の法理により，Xらは本件ゴルフ場施設の優先的優待的利用権を有しないと主張した。

第一審はXらの請求を認容し，控訴審はXらの請求を棄却。Xらが上告した。

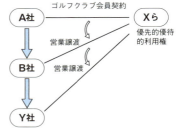

✓ 読み解きポイント

どのような要件をみたす場合に，事情変更の原則が適用されて，契約の解除や契約内容の改訂が認められるのだろうか。また，契約上の地位の移転がある場合，どの時点の当事者を基準に要件の充足を判断するべきなのだろうか。

判決文を読んでみよう

「事情変更の原則を適用するためには，契約締結後の事情の変更が，当事者にとって予見することができず，かつ，当事者の責めに帰することのできない事由によって生じたものであることが必要であり，かつ，右の予見可能性や帰責事由の存否は，契約上の地位の譲渡があった場合においても，契約締結当時の契約当事者についてこれを判断すべきである。」

「さらに進んで検討するのに，一般に，事情変更の原則の適用に関していえば，自然の地形を変更しゴルフ場を造成するゴルフ場経営会社は，特段の事情のない限り，ゴルフ場ののり面に崩壊が生じ得ることについて予見不可能であったとはいえず，ま

[*1] 預託金会員制ゴルフクラブ
入会に際し，会員は，ゴルフ場経営会社に一定額の金銭を無利息で預け，ゴルフ場経営会社は，金銭を預託した会員に有利な優先的条件や優待的利用料金によるゴルフ場施設の利用権を与えるゴルフクラブのことである。

[*2] 営業譲渡・契約上の地位の移転
営業譲渡とは，動産・不動産・債権・債務・得意先・営業上の秘訣など営業に関する財産を包括的に移転することである。当該営業に関する譲渡会社の契約上の地位の移転も含まれる。
契約上の地位の移転とは，契約当事者としての地位が譲渡人から譲受人に移転することである。譲渡人・譲受人の合意によって契約上の地位の移転を行う場合，原則として，契約相手方の承諾が必要となる（539条の2）。

た，これについて帰責事由がなかったということもできない。けだし，自然の地形に手を加えて建設されたかかる施設は，自然現象によるものであると人為的原因によるものであるとを問わず，将来にわたり災害の生ずる可能性を否定することはできず，これらの危険に対して防災措置を講ずべき必要の生ずることも全く予見し得ない事柄とはいえないからである。」

> ↓ この判決が示したこと ↓
>
> 事情変更の原則を適用するためには，契約締結後の事情の変更について，当事者に予見可能性がないこと，および当事者に帰責事由がないことが必要である。そして，要件の充足は，契約締結時の当事者を基準に判断されるとした。

解説

Ⅰ．事情変更の原則とは

　事情変更の原則とは，契約の成立後，当事者が予見できなかった事情の変更により，当事者を当初の契約内容に拘束することが極めて過酷となった場合に，契約の改訂または解除が認められるという法理である。[*3]

　本来，契約を締結した以上はそれに拘束されるのが原則となる。したがって，契約成立後，当事者を取り巻く状況が変化しても，一方的に契約をやめたり，内容を変更することは許されないはずである。しかし，判例および学説は，信義則（1条2項）を根拠に，事情変更の原則を認めてきた。たとえば，契約の成立後，大災害の発生や急激なインフレーション[*4]などにより，当初の契約条件の下で契約目的物を引き渡すことや約定対価を支払うことが極めて困難となり，当初の契約内容に当事者を拘束することが信義則上不当であるといえる場合に，事情変更の原則を適用し，当事者に増額・減額請求を認める，あるいは契約解除を認めるといったことが考えられる。

　本件のYは，Xらによる追加預託金の支払という契約内容の改訂，あるいはXらの退会という契約の解除を，この事情変更の原則の適用を前提に，主張したということになる。

Ⅱ．事情変更の原則の要件

　事情変更の原則を適用する要件を，通説は，①事情の変更の存在，②事情の変更について当事者に予見可能性がなかったこと，③事情の変更が当事者の責めに帰すべき事由によらずに生じたこと，④事情の変更により当初の契約内容に当事者を拘束することが信義則上著しく不当と認められること，と整理してきた。本判決以前の最高裁判決は，暗黙にこの要件を前提としてきたと考えられているが，事情変更の原則の要件すべてに明確に言及した判決はなかった。本判決は，②③の要件が必要であることを最高裁として明確に確認したという意義を有する。

　契約に臨む当事者は，本来，契約締結時に様々なリスクを織り込んで，契約内容を決定することが要求される。それゆえ，②③の要件が課され，事情変更について予見

＊3｜事情変更の原則の効果

契約を維持することになる改訂請求を優先させ，解除は改訂が無理な場合にのみ認められるという見解，両方ともに選択的に主張が可能であるという見解がある。また，契約改訂の前に，再交渉義務を当事者に課して自律的な解決をまずは促すべきという考え方もある。

＊4｜インフレーション

物やサービスの値段が上がる経済変動現象のことである。

可能性や帰責事由がある場合には，解除や改訂は認められないのである。そうであれば，本件のように，契約上の地位の移転があっても，契約締結時の当事者について要件充足を判断するのは当然ともいえよう。

Ⅲ． 具体的な判断の仕方

　従来の最高裁は，事情変更の原則を承認しつつも，その適用を肯定したことはなく，慎重な判断がなされてきた。[*5]

　本判決は，A社には，契約締結時に，のり面崩壊の発生について予見可能性があり，また，帰責事由もあるとして，事情変更の原則は適用できないとした。自然の地形を変更してゴルフ場を造成する経営者は，日本でしばしばみられる程度の自然災害と防災の必要性を考慮の上，ゴルフ場施設利用の対価を設定し，ゴルフ場を提供する責任を契約によって引き受けていると考えられる。事情変更の原則の適用を肯定するのは無理な事案であろう。

*5｜肯定例

下級審判決を除けば，大審院判決に，契約の解除を認めたものが1件あるだけである。大判昭和19・12・6民集23巻613頁は，不動産売買の履行期前に宅地建物等価格統制令が施行され価格の認可が必要となった場合に，当事者に契約の解除を認めた。

03 契約解除——複合契約の場合

最高裁平成8年11月12日判決（民集50巻10号2673頁） ▶百選Ⅱ-39

 事案をみてみよう

　X_1およびX_2は，平成3（1991）年11月，不動産開発業者Yとの間でリゾートマンションの1部屋を代金4400万円で購入する契約を締結した（目的物となったマンションを「α」と呼び，この売買契約を「マンション売買契約」と呼ぶ）。

　X_1は，マンション売買契約と同時に，Yが所有・管理するスポーツクラブの会員権1口を購入する契約を締結した（このスポーツクラブを「β」と呼び，この会員権契約を「クラブ会員権契約」と呼ぶ）。

　マンション売買契約には，αの区分所有権の購入者は購入と同時にβの会員となることが定められていた。またYによる新聞広告でも，αの区分所有権の購入者がスポーツクラブを会員として利用できる旨がうたわれていた。さらに，βの会則には，αの区分所有権とβの会員権を分けて処分することはできないこと，区分所有権を他に譲渡した場合，会員権も，譲渡人から譲受人に移ることが定められていた。

　平成5（1993）年7月，Xらは，マンション売買契約およびクラブ会員権契約を解除した。これは，βの施設として平成4（1992）年9月末に完成予定とされていた屋内温水プールが，期日を過ぎ，Xらが再三要求したにもかかわらず，着工されないままとなっていたことが原因である。なお，YはXらに対し，プールの完成遅延に関連して60万円を交付した。

　Xら両名は，①売買代金（4340万円）の返金，②違約金[*1]（440万円）の支払を，X_1はさらに③βの登録料・入会預り金（計250万円）の返金を求めて提訴した。

　控訴審は，マンションと会員権は別個独立の財産であることを根拠に，クラブ会員権契約上の義務について債務不履行があっても，マンション売買契約の解除は許されないのが原則であるとした。このため，Xらによる解除を認めず，請求を全て棄却した。これに対してXらが上告した。

[*1] 違約金

契約の中で，債務不履行があれば債務者から債権者にあらかじめ定めた額の金銭を支払う旨の約束がされることがある。このとき支払われる金銭を違約金といい，違約金について定める条項を違約金条項という。

 読み解きポイント

　同一当事者間で2つの契約が結ばれている場合において，そのうちの一方の契約（マンション売買契約）から生じる債務の不履行を理由として，その債権者は，他方の契約（クラブ会員権契約）を解除することができるか。できるとすればどのような場合か。

📖 判決文を読んでみよう

「同一当事者間の債権債務関係がその形式は甲契約及び乙契約といった2個以上の契約から成る場合であっても，それらの目的とするところが相互に密接に関連付けられていて，社会通念上，甲契約又は乙契約のいずれかが履行されるだけでは契約を締結した目的が全体としては達成されないと認められる場合には，甲契約上の債務の不履行を理由に，その債権者が法定解除権の行使として甲契約と併せて乙契約をも解除することができるものと解するのが相当である。」

「これを本件について見ると，本件不動産は，屋内プールを含むスポーツ施設を利用することを主要な目的としたいわゆるリゾートマンションであり，前記の事実関係の下においては，Xらは，本件不動産をそのような目的を持つ物件として購入したものであることがうかがわれ，Yによる屋内プールの完成の遅延というクラブ会員権契約の要素たる債務の履行遅滞により，本件売買契約〔=マンション売買契約〕を締結した目的を達成することができなくなったものというべきであるから，本件売買契約においてその目的が表示されていたかどうかにかかわらず，右の履行遅滞を理由として民法541条により本件売買契約を解除することができるものと解するのが相当である。」

これに基づいて最高裁は，控訴審判決を破棄し，Xらの請求を認容する判断を示した。

⬇ **この判決が示したこと** ⬇

2つの契約（甲契約と乙契約）が結ばれている場合において，債務不履行が一方の契約（甲契約）についてしかないときでも，その債権者は，他方の契約（乙契約）もあわせて解除をすることができることがあると判示された。こうした解除が認められるためには，両契約の目的が相互に密接に関連付けられていて，社会通念上，いずれか一方が履行されるだけでは，契約を締結した目的が全体としては達成されないと認められることが必要であるとされている。

☝ 解説

I. 債務不履行に基づく契約の解除に関する原則

解除は，契約から発生している債務に不履行があるときに，その債権者が契約を消滅させるという制度である。しかし，本件で，マンション売買契約については，売主であるYに債務不履行がなかった。したがって，買主であるXらは，この売買契約を解除することができないはずである。

II. 契約の「個数」に着目した構成

しかし，マンション売買契約とクラブ会員契約は，同時に締結されており，その内容も「スポーツクラブのついたリゾートマンションの売買」と呼ぶべきほどに（実際

*2｜複数の契約が密接に関連した例

複数の契約が密接に関連した例としては，本判決のような事例のほか，クレジット契約を挙げることができる。クレジット契約は，客Aと販売店Bとの間の商品売買契約と，客Aとクレジット会社Cとの間の立替払契約とからなっている。商品の品質に問題があったなどとして，AとBの間の売買契約に債務不履行が生じたときに，Aはこれを理由にCに対する支払を拒むことができるかという問題が生じる。

に新聞広告ではそのようにうたわれていた）密接に関連している。[*2]

　こうした取引について，「全体として1個の契約」ととらえる見方がある（「1個説」）。本判決の第一審は，マンション売買契約とクラブ会員権契約が「不可分的に一体化したものと考えるべきである」として，この見方をとっていた。このように，形式的には複数である契約を一体としてとらえた1個の契約のことを「混合契約」という。このようにとらえれば，クラブの施設開設に関する債務の不履行は，「混合契約」の不履行でもあると評価できるから，「混合契約」を全体として解除できる（すなわちマンション売買契約の部分も解除できる）との結論を導くことができる。

Ⅲ. 個数論から複合契約論へ

　最高裁は，こうした1個説をとらず，控訴審と同様に，マンション売買契約とクラブ会員権契約の2つの契約が存在しているという見方をとった（「2個説」）。しかしそのうえで，両契約が「密接に関連付けられている」という実質を考慮して，解除の可否を論じている。ここで，形式的には複数でありながら，実質的に密接に関連付けられている契約は，（1個説における「混合契約」と区別して）「複合契約」と呼ばれる。

　もちろん複合契約論をとれば，常に，甲契約から生じる債務の不履行を理由に，乙契約の解除が認められるというわけではない。解除の可否を判断する基準として，最高裁は，上で紹介した判決文の通り，「契約の目的」に着目をしている。

　ここでいう「目的」とは，単に一方の当事者がもっている希望や動機といったものではない。選択された契約類型，契約交渉過程における説明，契約書上の文言など，契約に関するあらゆる事情を考慮して，両当事者が「契約」を通じて何を得ようとしていたかを明らかにすることが必要である。

Ⅳ. 本判決の射程

　本判決は，改正前民法541条の定める解除の適用が問題になったものである。改正によっても，複合契約の解除の問題は同じように生じうるものであり，本判決は今後も，問題解決の指針として参照され続けるであろう。

　しかし，2点注意が必要である。第1に，確かに，民法541条は改正の前後を通じて，その内容自体にはほとんど変更はない。しかし，条文の位置づけには違いがある。[*3] 改正前の民法では，「履行遅滞か履行不能か」という区別を基準に解除の要件が定められており，履行遅滞が問題になっている本件に適用され得るのが541条のみであることは明白であった。これに対して，改正後の民法では，履行遅滞の場合であっても，541条（催告による解除）だけではなく，催告によらない解除について定める542条（本件であれば1項3号または5号）が適用される可能性がある。

*3｜民法541条の改正点

改正によってただし書が加えられたが，改正前においても，解除が認められるためには「要素たる債務」に不履行があることが必要とされており（最判昭和36・11・21民集15巻10号2507頁，百選Ⅱ-37），軽微な不履行によっては解除が認められていなかった。

　第2に，この542条1項3号または5号によって解除するには，「契約をした目的を達すること」ができないこと（あるいは，目的を達するのに足りる履行がされる見込みがないことが明らかであること）が必要である。これが本判決にいう「契約を締結した目的が全体としては達成されないと認められる場合」と完全に同じ意味なのかを判断するには，今後の判例・学説の展開をまたなければならない。

債務の履行を拒絶できる場合

Introduction（p. 2）で解説したように，たとえば，売主 Y の債務不履行を理由に，買主 X が売買契約を解除すれば，X は自分の債務（代金支払義務）を免れることができる（541 条，542 条）。しかし，解除をしなくても，X が自分の債務の履行を拒絶でき，Y から債務不履行責任を問われない場合がある。第一に，X の債務が Y の債務と同時履行の関係にあって，Y が履行も履行の提供もしないで請求をしてきている場合である（533 条）。第二に，Y の債務が履行不能となり，そのことについて X に帰責事由がない場合である（536 条）。第三に，Y が債務の履行をできないであろう具体的危険が生じている場合である（不安の抗弁権）。関連する判決とともに具体的にみていこう。

1. 同時履行の抗弁権（533 条）

同時履行の抗弁が認められるのは，①同一の双務契約から生じる二つの債権が存在し，②相手方の債務が履行期にあり，③相手方が自己の債務の履行や履行の提供をせずに履行請求してきた場合である。この要件がみたされる場合，自己の債務の履行を拒絶でき，相手方の反対給付を受けるのと引き換えに自分の給付を行えば足りることになる。

同時履行の関係が認められるのは，原則として双務契約の中心的な債務である。そして，売買目的物が売主の責めに帰すべき事由により減失し，履行不能となったような場合，履行に代わる損害賠償債務と代金支払債務も同時履行の関係に立つ（533 条本文括弧書）。追完に代わる損害賠償債務と代金支払債務が存在し，代金支払債務の方が高額である場合の処理については，最判平成9・2・14 民集 51 巻 2 号 337 頁〔百選Ⅱ-61〕も読んでみて欲しい。

それでは，アパートの賃貸借が終了するときに，敷金の返還と建物の明渡しは同時履行の関係に立つだろうか。最判昭和 49・9・2 民集 28 巻 6 号 1152 頁〔百選Ⅱ-57〕は，敷金契約は，賃貸借契約そのものではないから，賃借人の明渡債務と賃貸人の敷金返還債務とは，一個の双務契約によって生じた対価的債務の関係にあるとはできず，また，両債務の間には著しい価値の差が存しうることからしても，同時履行の関係を認めることは，必ずしも公平の原則に合致するものとはいいがたいとした。賃借人保護の観点から，契約終了時に敷金返還債務は発生し，明渡し債務と同時履行関係に立つとする学説もあった。しかし，622 条の 2 第 1 項は，賃貸借が終了し賃貸人が賃借物の返還を受けたときに賃借人が敷金返還請求できることを明文化した。明渡し前に敷金返還債務が履行期にないことは，条文上も明らかとなり，この点からも，同時履行関係は認められないことになる。

2. 危険負担（536 条）

相手方の債務の履行不能は，解除原因（542 条 1 項 1 号）であるとともに，自分の債務の履行を拒絶する原因にもなる（536 条 1 項）。たとえば，X が Y から絵画を購入する契約を締結した後，引渡前の火災によって絵画が焼失し引渡不能となった場合，Y の目的物引渡債務は不能となり，X は，自己の代金支払債務について，Y から請求されても履行を拒絶できる。ただし，債権者である X の責めに帰すべき事由によって Y の債務が履行不能となった場合は別である。たとえば，X が Y に機械設置の工事を依頼しておきながら，X が機械を破壊し工事不能としてしまったような場合，Y の仕事完成債務は履行不能となるが，X は報酬支払債務を免れない（536 条 2 項前段）。最判昭和 52・2・22 民集 31 巻 1 号 79 頁〔百選Ⅱ-59〕は，このような場合，報酬支払債務の存続を前提に，Y が材料費を節約したことなどによる利益の償還（536 条 2 項後段）について，X が立証すべきとしている。

3. 不安の抗弁権

不安の抗弁権について明文の規定はない。民法改正にあたり，明文化も議論されたが，見送られた。不安の抗弁権とは，相手方の信用不安などによって反対給付を受けられない具体的危険が生じた場合に，履行拒絶を認めてよいとする考え方である。たとえば，東京地判平成2・12・20 判時 1389 号 79 頁は，継続的な商品供給取引において，買主 Y の累積債務額が拡大し，売主 X による担保供与の求めにも応じなかったなどの事情の下で，取引上の信義則と公平の原則に照らして，X は，その代金の回収の不安が解消すべき事由のない限り，先履行すべき商品の供給を拒絶することができるものと解するのが相当であるとした。

Introduction

Chapter I 契約

2

Contents
I-1 契約総論
ココ！ I-2 財産権移転型契約
I-3 賃貸借契約
I-4 役務提供型契約ほか

財産権移転型契約

売買は有償契約（契約当事者が対価の意味をもつ債務を負担する契約）の代表例，贈与は無償契約（契約当事者が互いに対価的意味をもつ給付をしない契約）の代表例なんだって。どんな条文があるのかな？

1. 売買

売買は，売主の財産権移転義務と買主の代金支払義務を内容とすることを特徴とする契約である（555条）。

①売買契約の成立に関しては，売買の当事者の一方に，契約を成立させる予約完結権を与える場合の規定（556条），手付が交付される場合に関する規定（557条）〔→判例04〕，契約締結費用の分担を定める規定（558条）が置かれている。②売買契約の効力に関しては，引き渡された目的物が契約の内容に適合しない場合，追完請求権（562条），代金減額請求権（563条），損害賠償請求権・解除権（564条）が買主に与えられ，期間制限（566条）が置かれている〔→判例05，判例06〕。③その他，契約の履行に関し，代金支払期限（573条），支払場所（574条），果実の帰属（575条）に関する規定がある。

このような売買の諸規定は，性質が許す限りで，その他の有償契約に準用される[*1]（559条）。たとえば，有償の消費貸借において，貸主の交付したものに数量不足があった場合には，上記②の諸規定の準用によって問題が解決される。

2. 贈与

贈与は，当事者の一方が無償で財産権移転義務を負い，他方は対価的な債務を負わないことを特徴とする契約である（549条）。

①贈与の拘束力は，売買と比べて弱められており，書面によらない贈与は，未履行部分について，各当事者が解除できるとされている（550条）〔→判例07〕。②贈与者の責任は，売主の責任と比べ軽減されており，贈与者の引渡義務の内容は，特定時の現状で引き渡せばよいというものである（551条1項）。

その他の無償契約でも，①と同様，契約の拘束力を弱める条文が用意されている（593条の2，657条の2第2項参照）。また，②の551条1項の規定は，無償の消費貸借（590条1項），使用貸借（596条）に準用されている。

*1 | 準用
準用とは，ある事項に関する規定を，他の類似の事項について用いることである。法律を作るときに，繰り返しを避けるため，しばしば用いられる。

04 売買①──手付と「履行の着手」

最高裁昭和40年11月24日大法廷判決（民集19巻8号2019頁）　▶百選Ⅱ-42

事案をみてみよう

①昭和34（1959）年12月22日，XはYから，当時A所有の土地・建物を代金220万円で買い受ける契約を締結した。その際，XはYに対して，手付金を40万円交付している。②その後，YはAに代金を支払い，本件土地・建物の所有権移転登記を具備した。また，残金の支払については，昭和35年2月末日までにYからXへの所有権移転登記と引換えに行うこととなっていた。③しかし，Yは，同年2月19日に手付金の倍額80万円をXに提供して，契約を解除すると主張した。*1 ④これに対し，同年2月29日，Xは，180万円をYに提供して履行を求めたが，Yが拒絶したため，登記の移転と引渡しを求めて本訴を提起した。

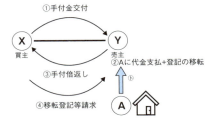

✓ 読み解きポイント

① 売主Yが，Aに代金を支払い，本件土地・建物の移転登記を具備したことにより，557条1項にいう履行の着手があったと解することができるか。
② 判決当時の改正前557条1項は，改正法とは異なり，Yが履行に着手しており，Xが履行に着手していなかった場合に，Yが手付倍返しによる解除ができるか，必ずしも明らかではなかった。そこで，①についてYが履行の着手をしていたという帰結になった場合，Yは手付倍返しをして，契約を解除することができないのかが問題となった。

判決文を読んでみよう

(1)「民法557条1項にいう履行の着手とは，債務の内容たる給付の実行に着手すること，すなわち，客観的に外部から認識し得るような形で履行行為の一部をなし又は履行の提供をするために欠くことのできない前提行為をした場合を指すものと解すべきところ，本件において，原審におけるXの主張によれば，Yが本件物件の所有者たるAに代金を支払い，これをXに譲渡する前提としてY名義にその所有権移転登記を経たというのであるから，右は，特定の売買の目的物件の調達行為にあたり，単なる履行の準備行為にとどまらず，履行の着手があったものと解するを相当とする。」

(2)「解約手附の交付があった場合には，特別の規定がなければ，当事者双方は，

---

*1 ｜ 時代背景

6大都市圏の住宅地の価格は昭和30年から昭和40年の10年間で約10倍に上昇している。この事件も大阪市内の土地建物が問題となっている。訴訟資料からは必ずしも明らかではないが，本件の売主Yは，そのような事情の下で売らない方が得策だと考え，手付倍返しによる解除をしようとしたものと思われる。

*2 ｜ 改正前557条1項

「買主が売主に手付を交付したときは，当事者の一方が契約の履行に着手するまでは，買主はその手付を放棄し，売主はその倍額を償還して，契約の解除をすることができる。」

＊3｜改正 557 条 1 項

「買主が売主に手付を交付したときは，買主はその手付を放棄し，売主はその倍額を現実に提供して，契約の解除をすることができる。ただし，その相手方が契約の履行に着手した後は，この限りでない。」

履行のあるまでは自由に契約を解除する権利を有しているものと解すべきである。然るに，当事者の一方が既に履行に着手したときは，その当事者は，履行の着手に必要な費用を支出しただけでなく，契約の履行に多くの期待を寄せていたわけであるから，若しかような段階において，相手方から契約が解除されたならば，履行に着手した当事者は不測の損害を蒙ることとなる。従って，かような履行に着手した当事者が不測の損害を蒙ることを防止するため，特に民法 557 条 1 項の規定が設けられたものと解するのが相当である。

同条項の立法趣旨を右のように解するときは，同条項は，履行に着手した当事者に対して解除権を行使することを禁止する趣旨と解すべく，従って，未だ履行に着手していない当事者に対しては，自由に解除権を行使し得るものというべきである。」

⇩ この判例が示したこと ⇩

① 557条1項の「履行の着手」がある場合とは，a)「履行行為の一部」をなした場合や，b)「履行の提供をするために欠くことのできない前提行為」をした場合である。そして，本件のYが行った目的物件の調達行為は，上記の基準に照らすと「履行の着手」にあたる。

② 557条1項の趣旨は，「履行に着手した当事者が不測の損害を蒙ることを防止する」ためである。本件のYのように自らが履行に着手していたとしても，相手方であるXが履行に着手していない限り，手付分を相手方に渡すことにより契約を解除しうる。

解説

Ⅰ．手付とは何か

世の中では，とりわけ不動産の売買契約などで，「手付」が交付される場合があるが，手付には 3 種類のものがあるといわれている。第 1 が，証約手付といわれるもので，契約が成立したことの証拠という趣旨で交付されるものである。第 2 が，解約手付といわれるもので，手付金額の損失を覚悟すれば，相手方の債務不履行がなくても契約を解除できるという趣旨で交付されるものである。売買契約の場合，買主が手付金を放棄する（これを「手付流し」という），または売主が受け取った手付金の倍額を買主に支払う（これを「手付倍返し」という）ことにより，相手方に債務不履行がなくても契約を解除できるという趣旨を持たせて，手付を交付する場合がある。第 3 が，違約手付といわれるもので，損害賠償額の予定として，または違約罰として没収されるという趣旨で交付されるものである。そして，557 条 1 項は，手付が交付された場合は，特別の意思表示のない限り，解約手付と解釈すべきであるという趣旨の規定であると理解されている（大判昭和 7・7・19 民集 11 巻 1552 頁）。本件においても，交付された手付は解約手付であると認定されている。

＊4｜損害賠償額の
＊5｜予定・違約罰

損害賠償額の予定とは，当事者があらかじめ契約不履行の場合の損害賠償額を約定することであり，債権者は，損害の発生を立証しなくても，あらかじめ定められた賠償額を得られる（420条1項）。違約罰とは，債務不履行に対する制裁であり，合意の内容により，違約金とは別に実損害の賠償を請求することや，違約金を超える実損害の賠償を請求することができる。

Ⅱ. 557条1項の「履行の着手」の意義

さて，本件では，売主Ｙは，契約締結後にＡに代金を支払い，本件土地・建物の移転登記を具備している。それが，557条1項の「履行の着手」にあたるかが問題となっている。この点，本判決は，「履行の着手」がある場合とは，①「履行行為の一部」をなした場合や，②「履行の提供をするために欠くことのできない前提行為」をした場合であるという基準を示している。

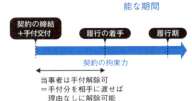

*6 手付解除が可能な期間

もっとも，これはあくまでも基準であり，どのような場合にこれらの基準にあてはまるかがさらに問題となる。ＸＹの間で締結された売買契約の目的物は，契約締結時点ではＡに帰属していた。つまり，他人物の売買契約である（→〔もう一歩先へ〕〔p.27〕）。この場合，561条にあるように他人物を目的とする売買契約をしても契約は有効であり，売主は他人に帰属する権利を取得して買主に移転する義務を負うことになる。本件でも，契約締結後（〔事案をみてみよう〕の②の時点）にＹは，Ａに代金を支払うとともに，所有権移転登記を具備している，つまり他人に帰属する権利を取得している。この売主Ｙの行為について，本判決は，「特定の売買の目的物件の調達行為にあたり，単なる履行の準備行為にとどまらず，履行の着手があったものと解するを相当とする」と評価している。このように，本判決は，自らが示した抽象的な基準を具体的にどのように適用するのかについても示したという意義もある。

なお，具体的な適用例という意味では，本判決後，最判平成5・3・16民集47巻4号3005頁は，「履行の着手の有無を判定する際には，履行期が定められた趣旨・目的及びこれとの関連で債務者が履行期前に行った行為の時期等もまた，右事情の重要な要素として考慮されるべきである」〔傍線筆者〕と述べたうえで，履行期の約1年2か月前に買主が代金の支払を準備し，口頭の提供をしても，履行の着手と評価されないと判示しており，問題となる行為が行われた時期が履行期のどのぐらい前であるかという点も考慮要素とされていることには注意が必要である。

Ⅲ. 自らが履行の着手をした者による解約手付の効力

改正前557条1項は，改正法とは異なり，Ｙが履行に着手しておりＸが履行に着手していなかった場合に，Ｙが手付倍返しによって解除することができるか，必ずしも明らかではなかった。この点を明らかにしたのが，本判決である。本判決は，Ｙに履行の着手があったとしても，Ｙは手付倍返しによる解除ができると判示している。なぜかというと，最高裁は，改正前557条1項を「履行の着手」をした者を保護するための規定であると解したからである。この事案であれば，Ｙが履行の着手をしている以上，その後Ｘからの手付流しによる解除は認められない。しかし，Ｘは履行の着手をしていない以上，Ｙからの手付倍返しによる解除は認められる。改正557条1項の「ただし，その相手方が契約の履行に着手した後は，この限りでない」という文言は，本判決の内容を条文化するかたちで規定されたものである。

05

売買②──数量不足と値上がり利益の損害賠償

最高裁昭和57年1月21日判決（民集36巻1号71頁）　　　　　　　　　　▶百選Ⅱ-46

事案をみてみよう

　買主Xらは，売主Yの代理人Aを介して，昭和38（1963）年と昭和43（1968）年に，本件各土地をYから購入した。本件土地いずれについても，Aは，現地で各土地の範囲を示したうえで，実測図に記載されているとおりの面積であるとXらに説明していた。そして，売買代金については，単価を坪（約3.3㎡）当たりで定め，実測図に基づく面積を乗じて売買代金を算出することが合意された。ところが，昭和49（1974）年，本件各土地を実測してみると，それぞれ，7〜8坪の不足があることが判明した。本件各土地の値段は，売買当時よりも上がっていた。Xらは，本件売買契約は，改正前565条[*1]の数量指示売買であることを前提に，改正前563条3項[*2]の準用によって損害賠償を請求した。そして，改正前565条の売主の担保責任[*3]は，数量不足がなければ買主が得たであろう履行利益の賠償を含むものであり，値上がりした現在（昭和49年）の坪単価に不足分を乗じた額が損害額になると主張した。

　第一審・控訴審ともに，数量不足分に相当する減価分の損害賠償だけを認め，値上がりによる利益分の請求を認めなかった。Xらが上告した。

---

*1｜改正前565条

「前二条の規定は，数量を指示して売買をした物に不足がある場合又は物の一部が契約時に既に滅失していた場合において，買主がその不足又は滅失を知らなかったときについて準用する。」

*2｜改正前563条3項

「代金減額の請求又は契約の解除は，善意の買主が損害賠償の請求をすることを妨げない。」

*3｜売主の担保責任規定

改正後は564条で415条，541条，542条が指示されているが，改正前は，そのような指示はなく，第2章第3節売買に，売買の目的とされた財産権の移転に瑕疵があった場合の売主の責任に関する規定が置かれていた（改正前561条〜572条）。これが，売主の担保責任規定と呼ばれていた。

☑ 読み解きポイント

　土地の売買契約において，土地の面積を表示し，かつこの面積を基礎に代金額を決めたが，引渡しを受けた土地の面積が不足していた場合，買主が売主に請求できる損害賠償の範囲に，土地の数量不足分の値上がり利益は含まれるのだろうか。

📖 判決文を読んでみよう

　「土地の売買契約において，売買の対象である土地の面積が表示された場合でも，その表示が代金額決定の基礎としてされたにとどまり売買契約の目的を達成するうえで特段の意味を有するものでないときは，売主は，当該土地が表示どおりの面積を有したとすれば買主が得たであろう利益について，その損害を賠償すべき責めを負わないものと解するのが相当である。」

↓ この判例が示したこと ↓

土地の数量指示売買契約において，土地の面積の表示が売買契約の目的を達成するうえで特段の意味を有するものでないときは，買主は，売主に，数量不足分の値上がりによる利益について損害賠償請求できないとした。

解説

Ⅰ．数量不足と契約不適合

　数量不足という契約不適合（債務不履行）がある場合，売主の責めに帰すべき事由によらないことを売主が主張・立証できない限り，買主は数量不足によって被る損害の賠償を売主に請求できる（564条，415条）。[*4]

　改正前，数量不足を理由に売主の責任を追及できたのは，「数量指示売買」が締結されているときであった。数量指示売買とは，「当事者において目的物の実際に有する数量を確保するため，その一定の面積，容積，重量，員数または尺度あることを売主が契約において表示し，かつ，この数量を基礎として代金額が決められた売買」（最判昭和43・8・20民集22巻8号1692頁）のことである。たとえば，土地売買の契約書に面積が記載されていても，代金額決定の基礎とされず，面積については現状優先[*5]が合意されていた場合は，数量指示売買ではない。そのような場合に，契約書記載の面積より実面積が少なかったとしても，売主に責任は生じなかった。本件売買は，改正前565条にいう数量指示売買における数量不足があった事例である。

　改正後，売主の契約不適合責任を追及するにあたり，売主が契約において数量に合致させる義務を負ったと解釈できるかが問われる。少なくとも，従来の数量指示売買に該当するような合意がある場合には，数量不足について売主の契約不適合責任が認められることになろう。[*6]

Ⅱ．数量不足の場合の損害賠償の範囲

　それでは，数量に不足がある場合，損害賠償の範囲をどう考えるべきか。本判決は，土地の売買において面積表示を基礎に代金額が決定されたというだけでは，数量不足分の値上がり利益についてまで損害賠償請求できず，面積の表示が売買契約の目的を達成するうえで特段の意味を有するものであることが必要であるとした。

　単純な例で説明しよう。土地の売買において，坪単価50万円，面積100坪の表示を基礎に代金5000万円と決定した。引渡しから数年後，10坪不足していたことが発覚し，口頭弁論が終結した現在，坪単価は60万円に値上がりしていた。この場合，不足に応じた500万円の代金減額分の支払を買主は売主に請求できるとしても，値上がり利益100万円分について損害賠償請求できるのは，100坪という面積の表示が契約目的を達成するうえで特段の意味を有していた場合ということになる。そのような場合としては，値上がりした時に買主が土地を転売し数量に応じた利益を得ることを売主も承知していたような事例が考えられよう。

---

*4 | **買主のその他の救済手段**

引き渡された売買目的物に数量の不足がある場合，損害賠償請求のほか，買主は次の対応をとることが考えられる。①不足分の引渡し（追完）を請求する（562条）。②追完がされず，またはできない場合には，代金減額請求をする（563条）。あるいは，③債務不履行が軽微ではないか，残部では目的達成ができないような場合に，解除（564条・541条・542条）をする。売主は，契約不適合が売主の責めに帰することができない事由によることを理由に，買主からの追完請求，代金減額請求，解除を免れることはできない。

*5 | **現状・現況優先**

不動産取引で，広告や書類の図面・表示と現状が異なった場合，現状を優先して契約内容とするということ。

*6 | **悪意の買主の場合**

本判決には直接関係しないが，改正前と異なる点として，改正前565条は数量不足等を知っている買主に救済を与えていなかった。改正後は，買主が数量不足等を知って契約をしていても，売主が一定の数量に合致させる義務を引き受け，数量不足等がある場合には，売主は契約不適合責任を負うという考え方が採用されている（562条以下）。

＊7｜法定責任説

売買契約の対象が土地などの特定物（物の個性に着目して取引の対象とされた目的物）の場合，指定数量や一定品質の物を引き渡す債務は売主になく，その物を現状で引き渡せば債務を履行したことになると考える（特定物ドグマ）。そのうえで，売主に債務不履行がないとしても，信頼利益（瑕疵がないと信頼したことによって買主が被った損害），あるいは売買契約の対価的均衡を保つため，数量不足分などの瑕疵に対応する代金減額分の損害賠償を認める法定の無過失責任が，売主の担保責任であるとする。

＊8｜契約責任説

特定物に瑕疵があった場合も債務不履行が生ずると考える。そのうえで，売主の担保責任規定は，債務不履行責任の特則であり，目的物を受領した買主について責任の追及期間を短期に設定している点に特則性が見いだされると説明する。特別の規定がない事項については，債務不履行責任の一般規定が適用されると考える。

本件のＸらは，各土地に居宅を建築し居住しており，転売などを考えていた事例ではない。Ｘらは，面積の表示が特段の意味を有するものであったことをなんら主張・立証しておらず，本判決は，値上がりによる利益の損害賠償を認めなかった。

Ⅲ．民法改正と本判決の意義

民法改正後，数量不足による損害賠償の範囲は，債務不履行一般の損害賠償の範囲に関する規定である 416 条によって定まることになった。

民法改正後に本判決の有する意義は，改正前の売主の担保責任をどのように理解し，本判決をどのような考え方に立つものと位置づけるかによって異なるものとなる。改正前，売主の担保責任について，法定の無過失責任と捉える法定責任説[7]と債務不履行の特則と捉える契約責任説[8]とが対立していた。

法定責任説によれば，改正前 565，563 条 3 項は，特定物の数量不足について，売主に債務不履行責任は成立しないところ，対価的均衡を確保するため，代金減額分の賠償責任などを売主に課す規定ととらえられる。それ故，本判決は値上がり分の賠償を認めなかったと理解される。しかし，改正民法は，数量不足についての売主の責任を債務不履行責任であるとし，債務不履行の一般規定によって，売主は損害賠償責任を負うとしている（564 条）。そうすると，民法改正後，法定責任説の立場から理解された本判決の考え方は，その前提が成り立たないことになる。

これに対し，契約責任説によれば，特定物の数量不足にも債務不履行責任は成立する。そして，改正前も，損害賠償の範囲は民法 416 条により定まるとされていた。売主の担保責任規定の中に，損害賠償の範囲に関する特則はなく，一般的な規定が適用されるからである。この見解によれば，本判決は，債務不履行責任の損害賠償の範囲に，値上がり利益が常に含まれるわけではなく，契約内容によって定まることを示したものと理解される。この理解によれば，416 条の解釈に際し，本判決は，今後も直接的に参考となるという位置づけが与えられる。

Chapter Ⅰ 契約

06 売買③──品質・性能の判断基準時

最高裁平成22年6月1日判決（民集64巻4号953頁）　　　▶百選Ⅱ-44

🔍 事案をみてみよう

　平成3（1991）年3月，東京都内の土地開発公社Xは，化学製品製造業を営むY社から，宅地（土地収用の被買収者に対して提供する代替地）として用いる目的でY所有の工場用地（約3600 m²。以下「甲」と呼ぶ）を，代金23億円余りで買い受けた。

　しかしXがその後に行った土壌調査の結果，平成17（2005）年11月になって，甲の土壌には環境基準値を超えるふっ素が含まれていることが判明した。Xは，甲がふっ素に汚染されていたことは改正前民法570条[*1]にいう「瑕疵」にあたり，これにより必要となった土地改良工事の費用など4億6000万円余りを損害として，Yに請求している。

　ふっ素による土壌汚染について環境基準が告示されたのは平成13（2001）年3月，また東京都が条例に基づいてふっ素による土壌汚染について基準値を定めたのは平成15（2003）年2月のことであり，Xが土壌調査を行ったのも，この都による基準値の設定を受けてのことであった。甲の売買契約が締結された当時，ふっ素が土壌に含まれることによって人に健康被害が生じるおそれがあることは一般に認識されておらず，Xの担当者もそうした認識をもっていなかった。Yは，こうしたことを根拠に，甲の土壌にふっ素が含まれることをもって瑕疵だということはできないと主張している。

*1｜瑕疵担保責任

改正前民法570条は売買目的物に「瑕疵」があるときに，売主に損害賠償などの責任が生じることを規定していた。現行の民法では，562条から564条の定める契約不適合がこれに対応する責任を定めている。「瑕疵」とは「きず」という意味で，ここでは売買目的物に欠陥があることを指す。

✓ 読み解きポイント

　契約締結当時には，ふっ素が土壌汚染物質として認識されておらず，法令上の規制も行われていなかったというとき，ふっ素が土壌に含まれることをもって，売買目的物に瑕疵があるということができるか。

📖 判決文を読んでみよう

　「売買契約の当事者間において目的物がどのような品質・性能を有することが予定されていたかについては，売買契約締結当時の取引観念をしんしゃくして判断すべきところ，前記事実関係によれば，本件売買契約締結当時，取引観念上，ふっ素が土壌に含まれることに起因して人の健康に係る被害を生ずるおそれがあるとは認識されておらず，被上告人の担当者もそのような認識を有していなかったのであり，ふっ素が，それが土壌に含まれることに起因して人の健康に係る被害を生ずるおそれがあるなど

021

の有害物質として，法令に基づく規制の対象となったのは，本件売買契約締結後であったというのである。そして，本件売買契約の当事者間において，本件土地が備えるべき属性として，その土壌に，ふっ素が含まれていないことや，本件売買契約締結当時に有害性が認識されていたか否かにかかわらず，人の健康に係る被害を生ずるおそれのある一切の物質が含まれていないことが，特に予定されていたとみるべき事情もうかがわれない。そうすると，本件売買契約締結当時の取引観念上，それが土壌に含まれることに起因して人の健康に係る被害を生ずるおそれがあるとは認識されていなかったふっ素について，本件売買契約の当事者間において，それが人の健康を損なう限度を超えて本件土地の土壌に含まれていないことが予定されていたものとみることはできず，本件土地の土壌に溶出量基準値及び含有量基準値のいずれをも超えるふっ素が含まれていたとしても，そのことは，民法570条にいう瑕疵には当たらないというべきである。」

これに基づいて最高裁は，控訴審判決を破棄し，Xの請求を棄却する判断を示した。

⬇ **この判決が示したこと** ⬇

最高裁は，契約締結当時の取引観念上ふっ素が土壌汚染物質として認識されておらず，法令上の規制も行われていなかったことから，ふっ素が土壌に含まれることをもって，売買目的物に瑕疵があるということはできないとした。

☝ 解説

Ⅰ．改正前民法の瑕疵担保責任と改正後民法の関係

本件は，改正後民法であれば民法564条が適用される事案である。民法564条は，売買目的物の品質等が契約の内容に適合しない場合（契約不適合）に，売主が債務不履行に基づく損害賠償責任を負うことを定めている。改正前民法でこれに対応する売主の責任は瑕疵担保責任と呼ばれ，改正前民法570条がそれを定めていた。[*2]

このため，改正後民法において生じる「契約不適合をどのように判定するのか」という問題は，本判決では，改正前民法570条の定める「瑕疵」の存否をどのように判定するのかという問題として論じられている。

「瑕疵」の定義としては，「当事者が契約において予定した品質・性能を欠くこと」という主観的瑕疵概念をとる説（主観説）が通説であり，本判決もその立場を前提としている。[*3]そして，改正後民法の「契約不適合」は，売買目的物の品質等が「契約の内容に適合しないこと」を指すのだから，この瑕疵についての主観説に対応しているといえる。

Ⅱ．主観説における契約内容の確定

では，「当事者が契約において予定した品質・性能」はどのように確定されるのだろうか。

もちろん当事者が明確に合意をし，その旨を契約書に記載しておけば，「当事者が

---

*2｜法定責任説と契約責任説

改正前民法570条をめぐっては，特定物の売買において目的物の品質・性能は債務内容に含まれないとする法定責任説と，債務内容になることを認める契約責任説が対立している。伝統的には法定責任説が通説であったところ，1990年代頃から契約責任説が有力となり，改正後民法も契約責任説の立場をとるものと理解されている。

*3｜客観的瑕疵概念とその問題点

これに対して，物が通常有するべき品質・性能を欠いていることをもって瑕疵ととらえるのが客観的瑕疵概念である。しかし，目的物に瑕疵があるかないかを，当事者がした契約から離れて抽象的に判断することは不可能であると指摘されている。たとえば，売買の目的物である中古自動車のエンジンが故障していた場合において，当該契約をした目的が博物館での展示にあったときにもこれを「瑕疵」ととらえて売主に責任を負わせるのは，適切ではない。

022

契約において予定した品質・性能」を明らかにすることは簡単である。問題は，こうした明示的な合意がない場合である。

　目的物の品質・性能について明示的な合意がなければ，売主はどのような品質・性能の物を渡してもよいというわけではない。たとえば，消費者がスーパーで食品を買うときに，いちいち「毒物が入っていないこと」などと明示的に合意をすることはないが，だからといってスーパーが毒物の入った食品を売ってよいわけではない。そこでは，食品の売買である以上，食べて安全な商品であることが，取引の場面で一般に受け入れられている考えだからである。この「取引の場面で一般に受け入れられている考え」が，本判決で「取引観念」と呼ばれているものである。改正後民法の文言では「取引上の社会通念」が対応する。

　このように，契約上，目的物が備えるべき品質・性能について明示的な定めがなければ，取引観念（取引上の社会通念）に照らしてその内容を定めることになる。本件のような土地（それも人の居住のために使われる土地）の売買であれば，「土壌が有害物質により汚染されていないこと」というのは，取引観念に含まれていると考えてよいだろう。

Ⅲ． 取引観念の基準時点

　そのうえで，従来の判例にはない本判決の新しい判断は，こうした取引観念を考慮に入れる際には，その取引観念は，取引が行われる時点のものが基準になるとした点にある。つまり，取引後に取引観念が変化したとしても（すなわち，取引が行われた後になって，ふっ素が土壌汚染物質であることが一般に認識されるに至っても），それは考慮に入れないという点である。控訴審判決との相違点もここにある。

　その理由について，判決では述べられていない。しかし，そのように解釈しないと，売主にとって法的安定性が著しく害されるからと説明することができるだろう。売主にとって，取引の後になってから科学が発達し，新たにある物質が有害であることがわかったということに起因して，責任を負うことになるかもしれないというのでは，どこまでの責任を負うのかが見通せなくなるからである。

Ⅳ． 補論

　なお，本件では問題とされていないが，土壌汚染の原因者が売主であるときには，汚染原因者としての売主の責任を追及するということが考えられる。土壌汚染対策法は，都道府県知事が土地の所有者に対して汚染の除去などの措置をとるように指示することができるとし（7条1項），この場合に，土地の所有者は，汚染の原因者に対して費用の償還を求めることができるとする（8条1項）。しかし本件では，Xは都知事の指示が行われる前に土地改良工事を行っており，土壌汚染対策法の定める場合にあたらない。この場合に，不法行為・不当利得などの制度を用いて，汚染原因者に対する費用償還を求めることができるのかは，別途検討が必要な問題である。

---

*4｜ **当事者の明確な合意がある例**
たとえば「土壌1 kgあたり4000 mgを超えるふっ素を含んでいないこと」とか，「人の健康に被害を生じるおそれのある物質が，現時点で有害性が知られていないものも含めて一切含まれていないこと」などと定めることがこれにあたる。こうした合意があれば，それが「当事者が契約において予定した品質・性能」となることは本判決も述べている。

07 贈与——書面によらない贈与の解除

最高裁昭和60年11月29日判決（民集39巻7号1719頁）　　▶百選Ⅱ-41

🔖 事案をみてみよう

　Aは，Yに土地（甲）を贈与したが，前の所有者Bが依然として甲の登記名義人となっていた。そこで，Aは，司法書士Cに頼み，「甲をYに譲渡したからYに直接所有権移転登記をされたい」という書面を作成させ，Bに内容証明郵便で送付した。ところが，Aの死後，Aの相続人であるXらは，Yに対し，Aがした贈与は書面によらない贈与であるとして，それを解除する旨の意思表示をし，Xらそれぞれが甲につき持分権を有することの確認を求めた。

✅ 読み解きポイント

　550条によれば，書面によらない贈与は解除することができる。贈与の事実を明確に記載したわけではなく，しかも第三者Bに宛てて作られた本件書面は，同条の「書面」にあたるだろうか。「書面」とされるためには何が必要なのだろうか。

📖 判決文を読んでみよう

　「民法550条が書面によらない贈与を取消しうるものとした趣旨[1]は，贈与者が軽率に贈与することを予防し，かつ，贈与の意思を明確にすることを期するためであるから，贈与が書面によってされたといえるためには，贈与の意思表示自体が書面によっていることを必要としないことはもちろん，書面が贈与の当事者間で作成されたこと，又は書面に無償の趣旨の文言が記載されていることも必要とせず，書面に贈与がされたことを確実に看取しうる程度の記載があれば足りるものと解すべきである。これを本件についてみるに，……右の書面は，単なる第三者に宛てた書面ではなく，贈与の履行を目的として，Aに所有権移転登記義務を負うBに対し，中間者であるAを省略して直接Yに所有権移転登記をすることについて，同意し，かつ，指図した書面であって，その作成の動機・経緯，方式及び記載文言に照らして考えるならば，贈与者であるAの慎重な意思決定に基づいて作成され，かつ，贈与の意思を確実に看取しうる書面というのに欠けるところはなく，民法550条にいう書面に当たるものと解するのが相当である。」

---

*1│文言の変化

550条の文言は移り変わっている。①平成29（2017）年の民法改正を経た現在の条文では「解除」という言葉が使われているが，②平成16（2004）年の現代語化改正の際には「撤回」という言葉が，さらにその前の③当初の条文では「取消（す）」という言葉が用いられていた。
いずれの言葉も，「一方当事者の意思表示により契約が終了する」ということを表しており，意味は同じである。本判決が上記③の時期のものであるということだけ注意しよう。

024

> ⇩ **この判例が示したこと** ⇩
>
> 　書面によらない贈与が解除できるとされるのは，軽率な贈与を予防し，贈与意思を明確にするためであるから，贈与がされたことが確実に読み取れる程度の記載があれば，550条の「書面」に該当するとした。

解説

Ⅰ. 無償契約としての贈与契約の拘束力

　ひとたび成立した契約は守られなければならない（契約の拘束力）というのが契約法の大原則であるが，贈与契約では例外が設けられている。一般に，契約が成立するには，当事者間で合意がなされればよい（諾成契約の原則。522条2項）。贈与も，当事者の一方（贈与者）がある財産を無償で相手方（受贈者）に与えるという合意がなされれば，成立する（549条）。しかし，550条の要件をみたす場合，契約の解除が認められる。その結果，贈与者は，約束（契約）を守らなくてよいことになる。

　なぜこのようなルールが定められているのだろうか。それは，贈与契約が「無償契約」であることに理由がある。売買契約では，売主が買主にある財産を与える代わりに，売主は買主から代金をもらう。それに対し，贈与契約では，贈与者は受贈者にタダ（無償）で財産を与えるのであり，一方的な負担を負っている。このように，贈与は一方当事者（贈与者）の「好意」によって成り立っているのだから，できる限りその者の自発性を尊重し，その者が履行したくなくなった場合には，思いとどまる機会を与えてやるべきである。贈与のような無償契約は，売買のような有償契約よりも拘束力を弱める必要があるとされるのである。

Ⅱ. 「無償（贈与）契約の拘束力は弱い」ことの意味

　もっとも，そうであるからといって，「無償契約は全く守られなくてよい」ということにはならない。550条には，2つの限定が付いている。まず，①「書面」によらない贈与でなければ，解除することができない（同条本文）。書面による贈与は，きちんと履行されなければならないのである。次に，②書面によらない贈与であっても，「履行の終わった部分」については解除できない（同条但書）。あくまで，まだ履行されていない贈与を思いとどまることが許されるだけなのである。問題は，①「書面」や②「履行の終わった部分」が，具体的に何を意味するかである。ここでは，これらの限定が付いている理由，そしてまた，「無償契約の拘束力は弱い」ことの厳密な意味が，問われることになる。

　本判決が扱うのは①のほうである。550条にいう「書面」とは何か。それを狭く捉えれば解除は認められやすくなるのに対し，広く捉えれば認められにくくなる。本判決は，「書面」を広く捉える立場を明確に示す。それによれば，550条は，軽率な贈与を予防し，贈与の意思を明確にさせるために「書面」を要求している。したがって，贈与者が慎重な意思決定に基づいて作成し，贈与者の贈与の意思が確実に読み取れる

＊2｜諾成契約か要式契約か

外国では，贈与を要式契約とし，贈与が成立するには，書面（公正証書）の作成が必要であるとするところが多い（ドイツ，フランス等）。本文で述べるように，日本では，無償契約であることが契約の効力（拘束力）のレベルで考慮されているが，そうした国々では，契約の成立のレベルで考慮されているのである（もっとも，その程度は同じではない）。

＊3｜負担付贈与

もっとも，受贈者も義務を負担するという負担付贈与もある。たとえば，親であるAが子Bに建物を贈与する代わりに，BがAの今後の生活費を負担することを約束するといったものである。この場合，「贈与」ではあるが両当事者が義務を負うため，有償契約に準じた扱いが必要となる（551条2項・553条参照）。

025

書面であれば，同条の「書面」にあたるとしてよい。本件書面は，Aが，司法書士C
を介して，登記を前の所有者Bに依頼するものであり，贈与者Aから受贈者Yへの
贈与の事実が記載された書面でもなければ，贈与の当事者であるAY間で作成された
書面でもない。しかし，Aが贈与の履行のために移転登記を依頼するものであり，A
の慎重な意思決定に基づいて作成され，AのYに対する贈与の意思が確実に読み取
れる書面であるといえる。そのため，550条の「書面」に該当する。

このような「書面」の緩やかな判断は，多くの判例で見られる。[*4] 他方，②「履行の
終わった部分」についても，最高裁は，贈与の意思を明確に示す行為があれば履行の
終了が認められるとして，緩やかな判断をする傾向がある。[*5] 非常に大ざっぱにいって
しまえば，たしかに550条は贈与者に解除権（思いとどまる機会）を与えてはいるけれ
ども，最高裁判例上，それは贈与の意思が書面や行為のかたちで外部に明確に示され
ていない状況で認められるに過ぎない。「無償契約（贈与契約）の拘束力は弱い」とい
っても，その「弱さ」は，あくまで550条の趣旨（贈与意思の明確性の確保）の範囲内
でのみ認められるに過ぎないのである。

もっとも，最高裁の立場に対しては，様々な角度から批判もなされる。たとえば，
(i)550条で書面が要求されている趣旨は，贈与意思の明確性の確保だけでなく，紛
争の防止にもあるのであって，「書面」を広く解してしまうとそれが妨げられるので
はないか。あるいは，(ii)ひとくちに「贈与」といっても純粋な「好意」に基づいてな
されるとは限らない（戦略的になされるもの，社会的な義務としてなされるものなど，様々な
ものがありうる）のであり，場合分けをすべきではないか。さらに，(iii)贈与は相続の先
取りや潜脱のために行われることが多く，その場合には，相続人の利益への配慮など
の視点も重要なのではないか（本判決の事案は，実は，実子同然にAの世話をしていたYに
Aが次々と財産を贈与していたというものであった）。無償契約の拘束力という問題は，見
た目以上に根が深い難問である。

Ⅲ. 他の無償契約における同様のルール

なお，550条と同様のルールが，平成29（2017）年の民法改正により，他の無償契
約についても設けられた。①書面によらない使用貸借の貸主は，借主が借用物を受け
取るまでは契約を解除でき（593条の2），②書面によらない無償寄託の受寄者は，寄
託物を受け取るまでは契約を解除できる（657条の2第2項）。いずれも「受取前解除
権」と呼ばれる。使用貸借・（無償）寄託とも，以前は要物契約（目的物の交付により成
立する契約）であったところ，改正で諾成契約とされることに伴い，贈与契約になら
って，契約により一方的な負担を負う者に契約を思いとどまらせる手段を与えようと
するものである。あわせて確認しておこう。

---

*4｜「書面」に関する判例

贈与者が受贈者とともに作成し第三者に宛てた書面につき550条の「書面」であることを認めたものとして，最判昭和37・4・26民集16巻4号1002頁（農地の贈与に際して知事宛てに作成された農地所有権移転許可申請書）。
また，本判決にも表れている，書面の記載だけでなく作成の経緯・背景等も考慮すべきという考えを示すものとして，最判昭和53・11・30民集32巻8号1601頁（係争不動産のうち贈与対象以外の部分に関する権利関係が記載された調停調書）。

*5｜「履行の終わった部分」に関する判例

贈与の目的物が動産の場合には引渡し，不動産の場合には引渡しまたは登記（最判昭和40・3・26民集19巻2号526頁）がなされれば，履行の終了が認められる。引渡しは，占有改定（最判昭和31・1・27民集10巻1号1頁）や簡易の引渡し（最判昭和39・5・26民集18巻4号667頁）でもよい。なお，農地贈与の場合は引渡しでは足りないとされるが（最判昭和41・10・7民集20巻8号1597頁），これは，農地贈与は知事の許可がなければ効力を生じないためである。

Step Up

もう一歩先へ

他人物売買

1．他人物売買と売主の義務

　他人の物（他人の権利）の売買も有効である。しかしながら，無権利者である売主は，売買契約を締結しても，買主に所有権を移転することはできない。目的物が他人物であることを前提に売買をした場合も，売主の所有物として売買したが，実は他人の物だったという場合も，異なる合意が認定されない限り，売主は，その権利を取得して買主に移転する義務を負う（561条）。所有者を説得して，目的物の処分について承諾を得る，あるいは，売主がまず所有者から購入して買主に所有権を移転するなどしなければならない。

2．履行不能の判断

　他人物売買において，売主が権利を取得し移転できない場合の買主の救済について，特別な規定は存在せず，債務不履行について用意された一般的な規定によって解決が図られる。

　一定の時期までの引渡しを合意していた場合には，買主は催告解除をし（541条），損害賠償を請求する（415条）ことが考えられる。それでは，履行不能を理由とする解除（542条1項1号）と損害賠償ができるのは，どのような状態に至った場合であろうか。

　改正前の561条は権利を「移転することができないとき」を要件とする解除を定めていたことから，移転不能に関する従来の判例が参考となる。たとえば，大判大正10・11・22民録27輯1978頁は，所有者が履行期後に第三者に権利を移転し第三者が対抗要件を備えてしまった場合に，もはや権利移転は不能になったと判断している。

3．解除と使用利益返還

　通常の売買において，目的物引渡後に解除となった場合，当事者は原状回復義務を負う（545条1項）。給付された原物はそのまま返還され，使用利益については，金銭の場合は受領時からの法定利息（同条2項），金銭以外の物については使用利益（賃料相当分）を返還する（同条3項）。

　それでは，他人物売買の場合，目的物の所有者ではない売主に，買主は使用利益を返還する必要があるのだろうか。最判昭和51・2・13民集30巻1号1頁（百選Ⅱ

-40）は，XがYから自動車を購入し，代金全額と引き換えに自動車の引渡しを受けていたが，本件自動車はAの所有物であり，AがXから本件自動車を引き揚げたという事案において，YからXに対する使用利益の請求を認めた。なぜなら，「解除によって売買契約が遡及的に効力を失う結果として，契約当事者に該契約に基づく給付がなかったと同一の財産状態を回復させるためには，買主が引渡を受けた目的物を解除するまでの間に使用したことによる利益をも返還させる必要があるのであり，売主が，目的物につき使用権限を取得しえず，したがって，買主から返還された使用利益を究極的には正当な権利者からの請求により保有しえないこととなる立場にあったとしても，」結論は左右されないからである。

4．他人物売主の地位を権利者が相続した場合

　また，他人物売買では，他人物売買の売主が死亡し，目的物の所有者が他人物売主の地位を相続した場合に，他人物売主の義務を承継するので，権利者には権利移転が可能である以上，所有権が買主に移転するのかという問題が生じる。最判昭和49・9・4民集28巻6号1169頁は，この問題について，「権利者は，その権利により，相続人として承継した売主の履行義務を直ちに履行することができるが，他面において，権利者としてその権利の移転につき諾否の自由を保有しているのであって，それが相続による売主の義務の承継という偶然の事由によって左右されるべき理由はなく，また権利者がその権利の移転を拒否したからといって買主が不測の不利益を受けるというわけでもない。それゆえ，権利者は，相続によって売主の義務ないし地位を承継しても，相続前と同様その権利の移転につき諾否の自由を保有し，信義則に反すると認められるような特別の事情のない限り，右売買契約上の売主としての履行義務を拒否することができる」とした。権利者の地位と他人物売主の地位は併存可能であり，また，他人物売買を行ったわけではない権利者が履行を拒絶しても，信義に反する事情はないからである。類似の問題として，本人による無権代理人の地位の相続という問題がある。民法総則で，学習してほしい［→総則・判例 **25**］。

027

Introduction

Chapter I 契約
3

Contents
I-1 契約総論
I-2 財産権移転型契約
ココ！ I-3 賃貸借契約
I-4 役務提供型契約ほか

賃貸借契約

賃貸借契約は，どのような内容の契約で，実際にはどういう場面で使われるのかな？

1. 不動産賃貸借契約の重要性

物の貸し借りをする貸借型契約には，賃貸借契約，消費貸借契約，使用貸借契約があるが，この節では重要度の高い賃貸借契約のみを扱う。賃貸借契約は，貸主に賃料を支払って物を借りることを内容とする契約である。たとえば，大学生であるAが大学の近くのアパートの一室を大家であるBから賃料を支払って借りる契約を結んだ場合，その契約は賃貸借契約である。

賃貸借契約に関して学ぶ判例は，不動産賃貸借契約に関するものがほとんどである。不動産賃貸借契約は賃借人の生活の基礎となることも多く，重要な意味を持っている。ところで，民法の賃貸借契約の規定は，賃借人の保護が十分ではない。そこで，民法典制定後に，賃借人を保護するための特別法が制定されている。とりわけ，借地借家法という特別法が重要である。借地借家法が適用される借地権とは，建物の所有を目的とする地上権または土地の賃借権である（同法2条1号）。これに対して建物の賃貸借については，建物の賃貸借すべてが借地借家法の適用対象となる（同法1条）。

以下で学ぶ判例は，借地契約［→判例08〜判例10］が対象となっており，これらの判例を理解するには，民法のルールだけでなく，借地借家法のルールの理解も必要となる［→判例08，判例10］点に注意が必要である。［判例09］は，借地借家法が問題となったものではないが，賃貸借契約の解除について，賃貸借契約特有のルールを確立している。［判例08］［判例10］で扱う判例については，現行法である借地借家法（平成3年10月4日に成立）以前の法律が適用された事案であるので，簡単に借地借家法制の歴史を振り返っておこう。

2. 借地借家法制の歴史

（1） 民法のルール

はじめに民法のルールを確認しておこう。AとBが賃貸借契約を締結すると，債権債務関係はAB間に発生する。その後，BがAの住むアパートをCに売却したとしても，Aが有する賃借人としての権利（これを賃借権という）は債権であり，債権は物権と異なりB以外の第三者に主張できるものではないというのが原則である。そ

---

*1 **地上権**
地上権とは，他人の土地に工作物（建物も含まれる）または竹木を所有するために土地を使用する権利（265条）である。債権である賃借権とは異なり物権である点に注意が必要である。

*2 **借地借家法制の年表**

明治42年 （1909年）	建物保護法
大正10年 （1921年）	借地法，借家法制定
昭和16年 （1941年）	借地法，借家法改正
昭和41年 （1966年）	借地法，借家法改正
平成3年 （1991年）	借地借家法制定
平成11年 （1999年）	借地借家法改正

028

うすると，Aは，賃借権をCに主張できない以上，新たな所有者であるCから「出て行ってほしい」といわれるとそれに応じなければならない。ただし，605条は，賃借人も賃借権の登記をすれば第三者に対抗（主張）できるとしている。もっとも，登記を備えるのには賃貸人の協力が必要となるが（不動産登記法60条参照），賃貸人に協力する義務はないというのが判例の立場である（大判大正10・7・11民録27輯1378頁）。つまり，賃貸人が賃借権を登記することに協力してくれなければ，やはり賃借人AはCからの要請があれば出ていかなければならない。

（2）　建物保護法から借地法・借家法へ

　明治42（1909）年に建物保護法が制定された時期には，実際に土地を借りた賃借人が，賃貸人が第三者に土地を譲渡したために追い出される（「地震売買」と呼ばれていた）ことが社会問題となっていた。そこで，建物保護法を制定し，賃借権自体の登記がなくても，建物所有を目的とする土地の賃借人が，借りた土地の上に建物を所有し，その建物が登記されれば賃借権を第三者に対抗できることとした（建物保護法1条。[判例 08]はこの規定の適用が問題となったものである）。

　これですべての問題が解決したわけではない。というのも，土地賃貸借についても，期間は当事者の合意により自由に定めることができたため，安定的な借地権は保障されていなかった。また，建物保護法は土地賃貸借を対象とするものであり，建物賃貸借については，依然として賃借権を対抗する手段が必要とされていた。そのような事情から，大正10（1921）年に借地法，借家法が制定された。借地法では，石造，土造，煉瓦造等，堅固建物の所有を目的とするときは60年，その他の建物の所有を目的とするときは30年という存続期間が定められた（同法2条1項）。借家法では，建物の賃貸借は，賃借権の登記がなくても，建物の引渡しがあったときは，その後その建物について物権を取得した者に対し賃借権を対抗できることとされた（同法1条）。さらに，借地法，借家法それぞれは，昭和16（1941）年に改正されており，借地契約，借家契約それぞれにおいて，賃貸借の期間が満了したとしても，賃貸人は，契約の更新を拒絶する「正当の事由」がなければ，更新を拒絶できないこととなった（借地法4条，借家法1条の2。[判例 10]は，この「正当の事由」の有無が問題となったものである）。借地法，借家法は昭和41（1966）年にも改正がなされている。

（3）　借地借家法の制定

　その後，平成3（1991）年に建物保護法・借地法・借家法を統合し，内容面でも大きな修正を加えたかたちで借地借家法が制定された。この法律により，借地権の存続期間は，堅固建物，非堅固建物という区別なく30年とされている（借地借家法3条）。また，賃貸人が契約の更新を拒絶するための「正当の事由」の内容が具体化されている（同法6条・28条）。さらに，主に貸主側のニーズにこたえるために，約定の期間が経過すれば必ず土地が返還される定期借地権が導入されている（同法22条以下）。借地借家法は平成11（1999）年に改正されており，そこでは更新のない建物賃貸借契約（定期建物賃貸借）が導入されている（同法38条以下）。

08 賃貸借①——借地権の対抗要件

最高裁昭和41年4月27日大法廷判決（民集20巻4号870頁） ▶百選Ⅱ-51

事案をみてみよう

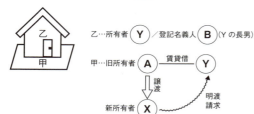

Yは，土地（甲）を，その所有者Aから建物所有目的で期間の定めなく賃借し[*1]，甲上に建物（乙）を建築し，そこに住み始めた。乙は長らく登記されていなかったが，Yは，居住開始から7年後に，家族として共同生活をしていた15歳の長男Bの名義で保存登記をした。それは，当時Yは胃を悪くして手術をすることになっており，長く生きられないかもしれず，B名義にしておけば後々面倒がないと考えたためであった。その後，XがAから甲を取得し，所有権移転登記を得た。Xは，Yに対し，乙を収去して甲を明け渡すよう求めた。

*1│期間の定めのない賃貸借

民法上，期間の定めのない賃貸借は，各当事者がいつでも解約の申入れをすることができるとされている（617条1項）。しかし，建物所有目的での土地の賃貸借には，借地借家法（本件当時は借地法）が優先して適用され，期間の定めのない賃貸借にも一定の存続期間が保障される（Introduction〔p. 28〜29〕参照）。

✓ 読み解きポイント

甲の賃借人Yは，甲の賃借権（借地権）を新所有者Xに対抗できないのならば，甲をXに明け渡さなければならない。借地権を第三者に対抗するには，その土地上に，賃借人（借地権者）が登記されている建物を所有していることが必要である（後述）。ところが，本件の乙の登記名義は，YではなくBになっている。このような場合でも，借地権の対抗力が認められるのだろうか。

📖 判決文を読んでみよう

「……賃借人が地上に登記した建物を所有することを以って土地賃借権の登記に代わる対抗事由としている所以のものは，当該土地の取引をなす者は，地上建物の登記名義により，その名義者が地上に建物を所有し得る土地賃借権を有することを推知し得るが故である。

従って，地上建物を所有する賃借権者は，自己の名義で登記した建物を有することにより，始めて右賃借権を第三者に対抗し得るものと解すべく，地上建物を所有する賃借権者が，自らの意思に基づき，他人名義で建物の保存登記をしたような場合には，当該賃借権者はその賃借権を第三者に対抗することはできないものといわなければならない。けだし，他人名義の建物の登記によっては，自己の建物の所有権さえ第三者に対抗できないものであり，自己の建物の所有権を対抗し得る登記あることを前提として，これを以って賃借権の登記に代えんとする建物保護法1条の法意に照し，か

かる場合は，同法の保護を受けるに値しないからである。

　……たとえBがYと氏を同じくする未成年の長男であって，自己と共同で乙を利用する関係にあり，また，その登記をした動機が原判示の如きものであったとしても，これを以てY名義の保存登記とはいい得ないこと明らかであるから，……土地賃借権を第三者に対抗することは許されないものである。

　元来登記制度は，物権変動の公示方法であり，またこれにより取引上の第三者の利益を保護せんとするものである。すなわち，取引上の第三者は登記簿の記載によりその権利者を推知するのが原則であるから，本件の如くB名義の登記簿の記載によっては，到底Yが建物所有者であることを推知するに由ないのであって，かかる場合まで，Y名義の登記と同視して建物保護法による土地賃借権の対抗力を認めることは，取引上の第三者の利益を害するものとして，是認することはできない。また，登記が対抗力をもつためには，その登記が少くとも現在の実質上の権利状態と符合するものでなければならないのであり，実質上の権利者でない他人名義の登記は，実質上の権利と符合しないものであるから，無効の登記であって対抗力を生じない。そして本件事実関係においては，Bを名義人とする登記と真実の権利者であるYの登記とは，同一性を認められないのであるから，更正登記によりその瑕疵を治癒せしめることも許されないのである。」

> **⇩　この判決が示したこと　⇩**
>
> 借地権を対抗するためには，借地権者自身の名義による建物登記が必要であり，たとえ共同生活を営む家族のものであっても，他人名義の建物登記では対抗力が認められないとした。

解説

Ⅰ．借地権の対抗要件とその趣旨

　賃借権（賃借人の権利）は賃貸借契約から生じる債権であるから，契約の相手方である賃貸人に対してしか主張できない。この原則論を貫くと，賃貸借の目的物が賃貸人から他の者に売却（譲渡）された場合には，賃借人は譲受人に対して賃借権を主張できず，その求めに応じて目的物を返還しなければならないことになる（「売買は賃貸借を破る」）。不動産の賃貸借の場合，これでは困る。賃借人が，生活や事業の基盤として借りた土地・建物から簡単に追い出されてしまう。民法は，不動産賃借権を登記しておけば賃借権を譲受人に対抗できるとしているが（605条），不動産賃借権の登記の申請には賃貸人の協力が必要なため，使いにくい。

　そのため，特別法によって，改善が図られてきた。①土地の賃貸借に関しては，建物所有目的での賃貸借（借地）の場合，賃借人が土地上に「登記されている建物を所有」していれば，賃借権（借地権）を第三者に対抗できる。このルールは，明治42（1909）年の建物保護法（1条）で採用され，同じ内容が，平成3（1991）年に建物保護法・借地法・借家法を統合して成立した借地借家法（10条1項）にも引き継がれて

*2 | 地震売買

日露戦争（明治37〔1904〕～38年）後の産業発展の中で，より高い地代を得たい地主が，地代の値上げに応じない賃借人を追い出すために，「売買は賃貸借を破る」の原則を悪用して，賃貸借の目的物である土地を第三者に譲渡するという事態（地震売買）が多発し，社会問題化した。

*3 | 賃貸借契約に基づく登記請求権？

不動産の売買契約では，売主は登記協力義務を負う。登記の移転までしなければ，財産権移転義務をまっとうしたことにならないからである。それに対し，不動産の賃貸借契約では，一般に目的物を使用収益させさえすれば賃貸人の義務は果たされたといえるため，賃借人に登記請求権を与える旨の特別の合意がない限り，賃借人は賃貸人に登記の申請に協力するよう請求することはできないとするのが判例である。

いる。②建物の賃貸借（借家）に関しては，賃借人は，建物の引渡しを受ければ，賃借権を第三者に対抗できる。大正10（1921）年の借家法（1条）で採用されたこのルールが，借地借家法（31条1項）にも引き継がれている。自分が所有する建物の登記（①）には賃貸人の協力は必要ないし，目的物の引渡し（②）は賃貸借契約に基づいて行われるので，賃借人は簡単に賃借権の対抗力を備えることができるのである。[*4]

　本件は，甲の賃借権の対抗力が問われているので，上記①の問題である（当時の適用条文は建物保護法1条）。Yは，甲上の建物乙を所有してはいるが，乙の登記名義人はBである。この場合でも「登記した建物を所有」しているといえるか（他人名義の建物登記でもよいか）が争われた。本判決は，以下の理由を挙げて，否定の結論をとった。[*5]

1) 登記建物の所有により借地権の対抗力が認められるのは，登記名義人が借地権を有することを第三者が登記名義から推知（推測して知る）できるためであり，賃借人は自己の名義で建物を登記してはじめて借地権を対抗できる。

2) 本件のような他人名義の建物登記では，第三者は真の建物所有者（借地権者）を推知できず，借地権の対抗力を認めれば第三者の利益を害する。

3) 他人名義の登記は真の権利状態と合わず，無効であり対抗力を生じない。また，本件のB名義の登記は，更正登記[*6]によりY名義に直せるものではない。

Ⅱ. 本判決に対する異論

　もっとも，本判決には，15名中6名もの裁判官の反対意見が付されている。また，学説上も，判決直後から激しい批判が加えられている。Bは家族としてYと一緒に暮らしていることを考えると，「他人名義の登記である以上はダメ」だというのは形式的に過ぎるのではないかという問題意識が強く示される。具体的に見よう。

　第1に，借地権の対抗要件を緩和したことの趣旨は，それによって賃借人とその家族の居住権を確保することにある。たしかに，新たにその土地を取得しようとする第三者の取引の安全は保護しなければならず，利益衡量が必要である。しかし，本件のように登記名義人が未成年者の場合にはその親が賃借人であると簡単に推知でき，第三者の利益を不当に害するとはいえない。

　第2に，借地権の対抗要件としての建物登記には，特殊性を認めるべきである。通常の不動産取引のように厳密な公示が求められるのではなく，むしろ公示の原則の例外として，居住権の確保という趣旨に沿った柔軟な解釈がなされるべきである。本件のB名義の登記は，真の権利状態には合わないけれども，実質的には賃借人Yによる登記であって，借地権の対抗要件としての効力を認めてよい。

　本判決へのこうした異論は，現実に共同生活を営んでいる家族を「家団」として一体と見て，そのメンバーの名義で建物登記がされていれば借地権の対抗力を認めるべきだという主張（家団論）に行きつく。本判決に付された田中二郎裁判官の反対意見は，これを正面から説くものであり，次のように述べる。

　　「Yと長男Bとは，本件家屋において，一体的に家族的共同生活を営んでいる，いわゆる家団の構成メンバーにほかならず，建物保護法の趣旨は，このような

---

*4 | 賃借権が対抗できる場合の法律関係

賃借権が対抗できる場合，賃貸人の地位が譲受人に移転し，譲受人と賃借人の間で賃貸借契約が引き継がれる（605条の2第1項）。

*5 | 先行判例との関係

本判決は，先行判例との関係も述べている。それによれば，借地権者だった被相続人が名義人となったままの建物登記によって相続人が借地権を対抗することを認めた大判昭和15・7・11法律新聞4604号9頁とは異なり，本件ははじめから無効な登記がなされた事案であり，同じ結論をとることはできない。

*6 | 更正登記

なされた登記に錯誤または遺漏がある場合に，これを訂正する登記（不動産登記法2条16号）。

一体的な家団構成メンバーの居住権を含む借地権を保護するにあるとみるべきであるから，建物保護法1条の定める対抗要件に関する限り，形式上は家団の構成メンバーの一員である長男B名義の登記になっていても，Y名義の登記があるのと同様に，その対抗力を認めるのが，立法の趣旨に合する解釈というべきである。」

Ⅲ．本判決の評価と修正法理

このような批判にもかかわらず，本判決の立場はその後も維持されている[*7]。理由はいくつか考えられるだろう。建物の登記名義人の身分関係まで調べなければならないというのは，その土地を取得しようという第三者にとって，やはり大きな負担である。また，「家団」の範囲は明確でないため，借地権の対抗力の有無を判断するのが困難となるおそれがある。さらに，登記簿は諸々の税金を課すための基礎資料となるという役割を有するゆえ，不正確な登記は許すべきでないという要請もある。なお，本判決に先立って，最高裁大法廷は，建物登記の地番（一筆の土地ごとに登記所が付する番号）が多少間違っていた場合でも，借地権の対抗力を認めていた（最大判昭和40・3・17民集19巻2号453頁）。本判決との結論の違いは，そうした間違いの場合には，その程度が軽微なものであれば，同じような問題は生じない・対処可能であるという認識に由来するのだろう（特に，取引の安全という点について，当該判決は，土地を取得しようとする第三者は現地検分によって誤りに気付くことができると指摘する）。

ただし，賃借人とその家族の居住権の確保という観点が，まったく無視されるわけではないことにも注意しよう。第1に，本件でもしYが正式に乙をBに贈与していたならば，おそらく問題は生じない。乙とともに甲の賃借権が譲渡されたことになるが，賃借権の無断譲渡による解除（612条2項）は「背信的行為と認めるに足らない特段の事情」がある場合には許されず（→〔判例 **09**〕〔p.34〕参照），通常，同居の家族間の譲渡では解除は認められない。第2に，譲受人の明渡請求が権利濫用（1条3項）とされて認められないことがありうる。譲受人が賃借権付きであることを前提として土地を購入したのに，たまたま賃借人が自分の名義で建物登記をしていないことを発見し，賃借人を追い出して利益を得ようとしたような場合は，権利濫用とされるだろう（建物登記自体がされていなかったケースではあるが，最判昭和43・9・3民集22巻9号1817頁）。

＊7｜本判決後の判例
子名義のみならず，妻名義（最判昭和47・6・22民集26巻5号1051頁）や養母名義（最判昭和58・4・14判時1077号62頁）の建物登記でも，借地権の対抗力は認められないとされている。

09 賃貸借②——信頼関係破壊の法理

最高裁昭和28年9月25日判決（民集7巻9号979頁）

事案をみてみよう

昭和7（1932）年頃，Y₁はXからX所有の甲土地および乙土地（約200坪）を賃借した。昭和21（1946）年に，BはY₁から甲土地について借地権（土地の賃借権）を譲り受けた[*1]。そして，Bの子Y₂名義で丙建物を建てた。その際，丙建物は，乙土地にもまたがっていた（20坪程度）ため，またがっていた部分につきY₁から転借した[*2]。

Xは，この転貸借は無断転貸であるとして，民法612条2項によりXY₁間の賃貸借契約を解除し，Y₁および土地占有者であるY₂に対して，土地全体についての明渡し等を求めた。

[丙建物：Y₂（Bの子）名義]
[甲土地：借地人はB]
[乙土地：Y₁からBに転貸]

読み解きポイント

丙建物の乙土地にまたがっている部分に着目すると，その部分については，XとY₁の間で土地の賃貸借契約があるのに加えて，Y₁はBに対して転貸借を行っている。無断転貸がなされた場合に，賃貸人Xは，612条2項に基づいて直ちに契約を解除できるのであろうか。それとも，場合によっては，賃貸人による契約の解除が認められない場合があるのであろうか。

判決文を読んでみよう

「元来民法612条は，賃貸借が当事者の個人的信頼を基礎とする継続的法律関係であることにかんがみ，賃借人は賃貸人の承諾がなければ第三者に賃借権を譲渡し又は転貸することを得ないものとすると同時に，賃借人がもし賃貸人の承諾なくして第三者をして賃借物の使用収益を為さしめたときは，賃貸借関係を継続するに堪えない背信的所為があったものとして，賃貸人において一方的に賃貸借関係を終止せしめ得ることを規定したものと解すべきである。したがって，賃借人が賃貸人の承諾なく第三者をして賃貸物の使用収益を為さしめた場合においても，<u>賃借人の当該行為が賃貸人に対する背信的行為と認めるに足らない特段の事情がある場合においては，同条の解除権は発生しないものと解する</u>を相当とする。」

以上のように述べたうえで，最高裁は，本件において，Y₁には賃貸借関係を継続するに堪えない著しい背信的行為はなく，Xの解除は無効であるとした。

[*1] **賃借権の譲渡**
賃借人の地位を譲り渡すこと。たとえば，貸主Pと借主Qの間で賃貸借契約が結ばれていたときに，QがRに賃借権を譲渡すると，PとRの間に賃貸借関係が生じることになる。612条1項は，賃貸人の承諾を得なければ賃借権を譲渡することはできない旨規定している。もっとも，本判決のBについていえば，罹災都市借地借家臨時処理法2条4項により，土地所有者Xは，正当の事由がない限り，借地権の譲渡を拒絶できないこととなっている。

[*2] **転貸**
賃借人の地位を保持しつつ目的物をさらに貸すこと。たとえば，貸主Pと借主Qの間で賃貸借契約が結ばれていたときに，QがRに転貸すると，PとQ，QとRの間に賃貸借関係が生じることになる。612条1項は，賃貸人の承諾を得なければ転貸することはできない旨規定している。

> ⇩ **この判決が示したこと** ⇩
>
> 賃借権の無断譲渡や無断転貸がある場合であっても，賃借人の当該行為が賃貸人に対する背信的行為と認めるに足らない特段の事情がある場合においては，612条の解除権は発生しない。

 解説

Ⅰ．信頼関係破壊の法理の生成

　612条1項は，賃貸人の承諾を得ずに賃借権の譲渡や転貸をすることができないと規定している。そして，612条2項は，「賃借人が前項の規定に違反して第三者に賃借物の使用又は収益をさせたときは，賃貸人は，契約の解除をすることができる」と規定する。民法典の起草者は，612条2項の趣旨について，賃貸借契約は個人的な信頼を基礎とする契約関係であるから，賃借権の無断譲渡や無断転貸は，賃貸借契約の基礎である個人的信頼を裏切ったことになるものであり，解除の制裁を加えるべきものである旨述べている。そこで，賃借権の無断譲渡や無断転貸があった場合には，すべて信頼を裏切る背信的行為となるのか，それとも賃借権の無断譲渡や無断転貸があったとしても，背信的行為とはならない場合もありうるのかが問題となる。

　本判決は，賃貸借契約のような継続的法律関係における信頼関係の重要性を明確にしつつ，賃借権の無断譲渡や無断転貸があったとしても，「賃借人の当該行為が賃貸人に対する背信的行為と認めるに足らない特段の事情がある場合においては，同条の解除権は発生しない」と判示して，賃貸人が解除できる場合を制限した。

　この判決は，「賃貸借契約上の義務違反があった場合でも，いまだに信頼関係を破壊するに至らない場合には，契約の解除は認められない」という法理を採用した判例の出発点としての位置づけが与えられている。この法理を，一般に，「信頼関係破壊の法理」と呼んでいる。

Ⅱ．信頼関係破壊の法理のその後の展開

　本判決以降，信頼関係破壊の法理を採用する判例が続くことになるので，大きな流れをここで押さえておこう。信頼関係破壊の法理には，2つの側面があることには注意が必要である。一方で，賃借人の債務の不履行があっても，信頼関係を破壊するに至らない軽微な不履行であれば，賃貸人は契約を解除することができないこととなる場合がある。本判決は，そのような判例として位置づけることができる。他方で，「信頼関係が破壊されているので，賃貸人からの解除請求を認める」と判示する場合もある。たとえば，閑静な住宅街の一室の賃貸借契約が締結された後，1か月間無断転貸がなされたが，その間に米軍人が出入りするようになり，近隣より抗議があったこと等を理由として賃貸借契約の解除を認めた判例もある（最判昭和33・1・14民集12巻1号41頁）。

　賃借権の譲渡や転貸に背信性のない特段の事情が存在することについては，賃借人

側に証明責任がある（最判昭和41・1・27民集20巻1号136頁）。したがって，賃借権の無断譲渡や無断転貸がなされた場合，賃借人側で特段の事情の主張立証がなされないと，賃貸人の解除権が発生することになる。

　ところで，賃料の不払や用法遵守義務（616条の準用する594条1項）の違反がある場合には，賃借権の無断譲渡および無断転貸を問題とする612条が適用されないが，そのような場合にも，改正前541条を適用しつつ，債務不履行があったとしても，信頼関係を破壊するに至る程度の行為がなければ解除を認めないとしている（最判昭和39・7・28民集18巻6号1220頁など）。賃料不払や用法遵守義務違反の場合に，改正541条がどのように適用されるかは，今後の判例の展開に委ねられる。改正541条は，改正前と比べると，債務者が債務を履行せず，催告にも応じなかったとしても，債務の不履行が軽微であると評価される場合には解除を認めないこととするただし書きが付加されている。このただし書きの適用の際に，賃料不払のケースでは信頼関係の破壊の有無がどのように影響を与えるかが問題となろう。

---

*3｜証明責任

訴訟において裁判所が，ある事実が存在するともしないとも確定できない場合（このような場合を「真偽不明」の場合という）に，その結果として，判決でその事実を法律要件とする自己に有利な法律効果の発生が認められないことをいう。本判決の事案を例にすると，賃借権の譲渡や転貸に背信性はないという「特段の事情」があることについての「証明責任」は賃貸人Y₁にあるので，裁判所が「特段の事情」の有無について確定できないと判断した場合には，Y₁に有利な法律効果は認められず，賃貸人Xによる解除が認められることとなる。つまり，証明責任とは，真偽不明の場合にどちらが不利益を受けるのかに関するルールである。

*4｜改正前541条

「当事者の一方がその債務を履行しない場合において，相手方が相当の期間を定めてその履行の催告をし，その期間内に履行がないときは，相手方は，契約の解除をすることができる。」

*5｜催告

債務者に対して債務の履行を請求するなど，相手方に対して一定の行為を要求すること。相手方が催告に応じないときに，一定の法律効果が生ずるという点に意味がある。賃料不払いの場合を例にとると，賃貸人が賃借人に賃料を支払うよう求めるのが催告である。

10 賃貸借③──更新拒絶の「正当の事由」

最高裁昭和58年1月20日判決（民集37巻1号1頁）　　▶百選Ⅱ-54

🔍 事案をみてみよう

Y₁は土地所有者Aと本件土地について借地契約（地上権設定契約）を締結した。借地契約の存続期間は20年である。また、借地の上にY₁が所有する建物を他の人に賃貸することを禁止する特約があった。Aが死亡してXらが本件土地を相続し、借地契約上の貸主の地位も引き継いだ。Y₁は、本件土地の上に建築した建物（住居兼店舗）の一部をY₂らに賃貸した。Y₂らはY₁の妻とともに古物商をそこで営んでいる。

20年が経過して借地契約の存続期間が満了するとき、Y₁は、Xに更新（これまでと同一の契約条件で契約を継続すること）を請求して、利用を継続した。しかし、Xらは更新を拒絶して、Y₁に対し土地の明渡し、Y₂らに建物からの退去を請求した。Xらは更新を拒絶する正当の事由として、次の事情を挙げた。(i)Xらが現在居住し商売を行っている建物は狭いため、本件土地を自分で使用する必要性がある。(ii)Y₁は他に土地・建物を所有しており本件土地を必要とする程度は低い。(iii)XらはY₁に立退料を支払う申し出をしている。

控訴審は、正当の事由はないとした。なぜなら、借地上の建物賃借人Y₂らを含めた借地人Y₁側の事情は軽視できず、立退料の提示も遅かったからである。Xらは、正当の事由の判断に際し借地上の建物賃借人の事情を考慮すべきでないとして、上告をした。

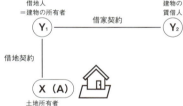

✓ 読み解きポイント

借地法4条1項（現在は、借地借家法5条・6条が同趣旨を定めている）によれば、借地人が借地契約の更新を請求してきた場合、土地所有者が遅滞なく異議を述べて更新を拒絶するためには、正当の事由が必要である。借地契約の更新拒絶に必要な正当の事由の有無は、どのように判断されるのだろうか。Xらは、上記(i)〜(iii)の事情を挙げたが、控訴審が着目した「借地上建物の賃借人の事情」を、正当の事由の判断において考慮することは許されるのだろうか。

📖 判決文を読んでみよう

「建物所有を目的とする借地契約の更新拒絶につき借地法4条1項所定の正当の事

---

*1 | 借地とは

他人の土地を利用したいと考えたとき、土地所有者と賃貸借契約（601条以下）を結ぶことが多いが、物権である地上権（265条以下）の設定契約を結ぶこともある。借地借家法にいう借地権は、「建物所有を目的とする」地上権または土地の賃借権双方を含む（借地借家1条2項参照）。この場合、借地借家法が民法に優先して適用される。

*2 | 借地の存続期間

現在の借地借家法は、普通借地契約の最初の存続期間を最低30年とする（借地借家3条）。本判決は、借地法時代のものであり、非堅固建物については20年以上の存続期間とすることが認められていた（借地法2条2項）。借地借家関係の特別法の展開については、Ⅰ-3のIntroduction（p.28〜29）参照。

*3 | 借地上の建物の賃貸と借地の転貸の違い

借地人が、土地自体をまた貸しすることを土地の転貸という。転貸には、土地所有者の承諾が必要である（612条）。借地人が借地上に建築した建物を他人に貸すことを借地上の建物の賃貸という。本来、借地人が自由に行うことができる。しかし、土地所有者がこれを制限したいと考える場合、本件のような特約が締結される。

037

＊4｜特約違反による解除？
Y₁らの特約違反行為が存在し、Xらは訴訟の中で特約違反を理由とする契約の解除も主張していた。しかし、本件の争点は正当の事由の有無となった。借地人の契約違反行為があっても容易には解除が認められないことについては、［判例09］（p.34）参照。

由があるかどうかを判断するにあたっては、土地所有者側の事情と借地人側の事情を比較考量してこれを決すべきものであるが」、「右判断に際し、借地人側の事情として借地上にある建物賃借人の事情をも斟酌することの許されることがあるのは、借地契約が当初から建物賃借人の存在を容認したものであるとか又は実質上建物賃借人を借地人と同一視することができるなどの特段の事情の存する場合であり、そのような事情の存しない場合には、借地人側の事情として建物賃借人の事情を斟酌することは許されないものと解するのが相当である」。

> ⬇ **この判決が示したこと** ⬇
>
> 借地契約の更新拒絶に正当の事由があるかどうかは、土地所有者側の事情と借地人側の事情を比較考量して決めるところ、建物の賃借人の事情を考慮することは、原則として許されないとした。例外として、①借地契約において当初から建物賃借人の存在を認めていた場合、または、②実質上建物賃借人を借地人と同一視できる場合など特段の事情があれば考慮できるとした。

解説

Ⅰ. 法定更新と更新拒絶

Y₁のように、借りた土地の上に建物を建てて居住や営業をする場合、長く借りる権利が保障されていないと、安定した生活や営業ができなくなる。本来、更新は、契約当事者の合意によって行われる（604条2項）。しかし、借地借家法は、借地権の存続を保障するため、法律が強制する更新（法定更新）を認め、かつ土地所有者が更新拒絶できる場合を限定している。具体的には、借地契約の存続期間が満了するとき、借地人が更新を請求するか、または土地の使用を継続していれば、借地上に建物がある限り、契約が更新される（借地法4条1項本文・6条1項、借地借家法5条1項本文・2項）。土地所有者が更新を認めたくない場合、遅滞なく異議を述べ、かつこの異議に正当の事由が必要である（借地法4条1項ただし書き・6条2項、借地借家法5条1項ただし書き・2項、6条）。この正当の事由が認められないと、借地人が望む限り借地契約は更新され継続することになる。

Ⅱ. 正当の事由の判断要素

正当の事由の有無を判断する要素として、借地法4条1項は、土地所有者の自己使用の必要性その他の正当の事由とだけ定めていた。借地借家法6条は、借地法時代の判例法理を明文化し、次の事情が考慮されると定めるに至っている。

基本的な判断要素	補完的な判断要素
❶ 土地所有者側と借地人側（転借人含む）の土地の使用を必要とする事情の比較：X主張の(i)(ii)	❷ 借地に関する従前の経過（契約締結の事情，賃料額，支払遅滞など） ❸ 土地の利用状況（建物の種類など） ❹ 明渡しに対する財産上の給付（立退料）の申し出：X主張の(iii) <div align="right">など</div>

本判決は，借地上の建物の賃借人の事情は，❶における借地人側の事情として，原則として考慮されないとした。

Ⅲ．原則：借地上の建物賃借人の事情が考慮されない理由

❶に関して，借地借家法6条は，借地自体が転貸された場合，転借人の事情が考慮されると定めている。これに対し，借地上の建物を貸した場合の建物賃借人の事情は，条文では言及されていない。借地法4条1項について本判決の示した立場は，借地借家法6条における正当の事由の有無を判断するにあたっても及ぶことになる。

本件でXの更新拒絶が認められると，Y_2も建物から退去しなければならない可能性はある。[*5] なぜ，転借人と異なり，借地上の建物の賃借人の事情は考慮されないのだろうか。その理由は，転貸借の場合，土地所有者は転貸借に承諾を与え，転借人の存在を承認することが予定されるが（612条1項），土地所有者が何も関与しない借地上の建物の賃借人の事情を考慮することは妥当でないと考えられたことにあろう。

Ⅳ．例外：借地上の建物賃借人の事情が考慮される場合

本判決は，例外的に建物賃借人の事情が考慮される二つの場合に言及している。例外①は，借地人が，他人に貸すためのアパートや貸店舗を建築するため土地を借りることを土地所有者が当初から認めているような場合である。例外②は，借地人である会社経営者が会社に建物を賃貸するような場合である。土地所有者による転貸借の承諾に匹敵するような事情がある場合や借地人と建物賃貸人が実質的に同主体といえる場合である。本判決の事案をみても，例外とされる特段の事情は存在しないことがわかるだろう。

Ⅴ．本件の結論は？

本判決は，控訴審の判断を否定し，正当の事由が認められるかどうかの判断を差し戻した。結論はどうなるのだろうか。控訴審は，補完的な判断要素❹の立退料の提供は，時期が遅かったので考慮しないとしていた。しかし，事実審の口頭弁論終結時までの申出や増額を考慮できるとするのが現在の判例の立場である（最判平成6・10・25民集48巻7号1303頁）。また，Y_1の特約違反行為も❷の従前の経過の一事情として考慮されてよいはずである。差戻し後の判決は公刊されていないが，正当の事由が認められる可能性もある事案ではなかろうか。

*5｜更新拒絶が認められる場合

借地契約が終了する場合，Y_1がXらに建物買取請求権（借地法4条2項，借地借家法13条）を行使すれば，XらとY_2らの間に借家契約が承継される。その場合，あらためて，借家契約の更新拒絶や解約申入れができるかを，XとY_2の事情を比較して検討することになる。もっとも，借地人が建物買取請求権を行使しない場合に，建物賃借人がこれを代位行使することは認められていない（最判昭和38・4・23民集17巻3号536頁）。

サブリース

1．サブリースとは

　賃貸借契約や借地借家法に関係する問題として，サブリースと呼ばれる契約に関する問題がある。典型的なサブリース契約というのは，次のようなものである。サブリース事業者Bは，土地の所有者Aに対して，Aの土地上に商業施設やオフィスなどが入ることを予定するビルを建築することを提案する。Aにそのようなビルを建てる十分な資金がないときは，Aは借金をして建築しなければならない。そこで，サブリース事業者Bは，Aに対して，「もしビルを建築して下さったら，わが社（B）がすべての部屋について一括して借り受けます。つまり，Aさんは，毎月一定の賃料収入が確保できるので，安心してお金を借りることができます。わが社は，テナント（C₁〜Cn）にオフィスを賃貸することで収益を上げたいと思います」と話してビルを建築するよう勧誘するのが一般的である。このようなかたちで，AやBが利益を追求する取引形態のことをサブリース契約という。サブリース（sub-lease）という言葉自体は転貸借を意味するが，ここでのサブリース契約は，賃借人，つまりサブリース事業者Bがテナント業者に転貸することを予定している点に特徴がある。

2．問題の発生

　この契約は，Aにとっては，①貸しビルの知識や経験がなくてもBに任せておけるし，②賃料もBが保証してくれるので安心であるようにも見える。しかし，実際には，AとBとの間で紛争となる場合が生じている。なぜかというと，景気の悪化や，オフィスの供給過剰などにより，テナントC₁〜Cnからサブリース事業者Bに入る収入が減ってしまった場合に，BがAに対して賃料を減額するよう主張するケースが起きているためである。

　法的には，次のような点が問題となる。AB間の契約が「建物の賃貸借」契約であるとすると，借地借家法1条が「建物の賃貸借」に適用されると規定している以上，この契約にも借地借家法の適用があることになる。そうすると，借主であるBは，借地借家法32条が規定する賃料減額請求権を主張することができるし，この規定は強行規定である（最判昭和31・5・15民集10巻5号496頁〔前身の借家法7条について〕）ので，たとえAB間で一定期間一定額の賃料を保証する約定があったとしても，Bは賃料の減額を主張できることになる。しかし，AB間の賃貸借契約は，Aがお金の融資を受ける，その融資の返済を確実にするためにBがAに対して一定額の賃料を保証するといった全体の仕組みの一部に過ぎない。そこで，その仕組みの一部を切り取って，AB間に建物の賃貸借契約があるから借地借家法の適用があると解するべきではないという主張も存在していた。

3．判例の解決策

　最判平成15・10・21民集57巻9号1213頁（百選II-58）は，サブリース契約も建物賃貸借契約であり，借地借家法32条の適用があるという立場を採用した。この事案では賃料を自動的に増額させる特約があったが，それでも借地借家法32条が適用されることになる。

　ただし，最高裁は，減額を認めるか否か，相当賃料額をいかに定めるかの判断において，サブリース契約の経緯が十分に考慮されるべきであると述べている。つまり，「この減額請求の当否及び相当賃料額を判断するに当たっては，賃貸借契約の当事者が賃料額決定の要素とした事情その他諸般の事情を総合的に考慮すべきであり，本件契約において賃料額が決定されるに至った経緯や賃料自動増額特約が付されるに至った事情，とりわけ，当該約定賃料額と当時の近傍同種の建物の賃料相場との関係（賃料相場とのかい離の有無，程度等），Bの転貸事業における収支予測にかかわる事情（賃料の転貸収入に占める割合の推移の見通しについての当事者の認識等），Aの敷金及び銀行借入金の返済の予定にかかわる事情等をも十分に考慮すべきである」と述べている。このように，借地借家法32条の適用があるとしつつ，当事者の意思や契約内容を加味して，適用のあり方を調整するという判断をしている。

役務提供型契約ほか

Chapter I 契約 4

Introduction

Contents
- I-1 契約総論
- I-2 財産権移転型契約
- I-3 賃貸借契約
- ココ! I-4 役務提供型契約ほか

建築会社に家を建ててもらったり，銀行にお金を預けたりするというのは，売買のように財産権を移転したり，賃貸借のように物を貸し借りしたりしているわけではないけど，こうした契約は，どんな契約類型にあてはまるのかな？

　この節で扱うのは，物ではなく役務（サービス）を提供することを目的とした役務提供型契約（雇用，請負，委任，寄託）と，ここまで扱ってきた契約類型にあてはまらないその他のもの（組合，終身定期金，和解）である。そのうち次ページ以降で取り上げるのは次の4種の契約である。

　請負は仕事の「完成」を目的とする契約である。[*1] 典型例として，建物の建築を挙げることができるが，そこでは，建物の所有権が，誰に，どのようなメカニズムで帰属するかが問題となる［→判例11］。

　委任は，受任者が，委任者から独立して（多くの場合には専門的知識を背景とした裁量に基づいて）委任者のための事務処理を行う契約である。こうした契約は，当事者の間の信頼関係を基礎に成り立つと考えられており，そのことが任意解除権を定める民法651条に現れている。この任意解除権に制限はないのかということが争われたのが［判例12］である。

　寄託は，物の保管を目的とする契約であり，倉庫業者を典型とする。さらに，寄託の特殊な類型として，代替物を預かることを内容とする消費寄託があり，典型例として銀行預金を挙げることができる。銀行預金の成立をめぐっては，口座名義人以外の者が振込の方法によって口座へと入金をしたが，それが振込先を誤ったものであったという場合に，口座名義人の預金として預金債権が成立するのかどうかが問題となった事例がある［→判例13］。

　和解は，争いをやめることを目的とするという点で特殊性をもった契約である。和解をした内容について紛争を蒸し返すことは許されないが，和解の後になって新たな事実が生じたときにも，それは貫徹されるのだろうか。［判例14］が扱うのはこうした問題である。

*1 | 請負と雇用・委任の違い
請負が仕事の完成を目的とするのに対して，雇用・委任では，仕事の完成までは義務付けられていない。

041

11 請負 ── 目的物の所有権の帰属

最高裁平成5年10月19日判決（民集47巻8号5061頁）　　　　▶百選Ⅱ-60

🔍 事案をみてみよう

注文者Yは建設業者A社との間で，Y所有の宅地上に建物（「建物甲」と呼ぶ）を建築する旨の請負契約を締結した。Aは，この工事を，建設業者X社に一括して請け負わせた[*1]。この一括下請負をYは知らず，したがって承諾してもいなかった。

工事はXが材料を提供して進められたが，Aが破産宣告を受けたために中断した。工事が中断した時点で，基礎工事のほか鉄骨構造が完成していたものの，屋根や外壁は完成しておらず，工事の出来高（完了割合）は26.4%であった（この建築途中の建物のことを「建前乙」と呼ぶ）[*2]。

その後Yは，Xに工事の中止を求めたうえで，新たにB社との間で請負契約を締結し，乙を元に甲建物を完成させた。甲は，BからYに引き渡されている。

YとAの間の契約では，Yは工事中いつでも契約を解除することができ，その場合，工事の出来形部分はYの所有とするとの条項があった。なお，YA間の請負代金3500万円のうち，Aの破産までに，1950万円が支払われている。AX間の請負代金は2900万円であったが，Aの破産により，XはAから一度も支払を受けていない。

Xは，建前乙の所有権をBの加工（民法246条）と，それによって完成した建物のYへの引渡しによって失ったのだから，民法248条，704条が適用されると主張し，Yに対して，償金の支払を求めて提訴した。控訴審はXの主張を認めて，Yに対して，建前乙の価格相当額の償金をXに支払うよう命じた。このためYが上告した。

---

*1｜一括下請負

請負人（元請負人）が請け負った仕事の全部又は一部を，第三者（下請負人）にさらに請け負わせることを下請負という。民法上，下請負に制限はないが，建設業法22条は，建設工事について，下請負人に工事の全部を請け負わせること（一括下請負）を禁止している。工事の責任の所在があいまいになる危険を防ぐとともに，自分では工事をする能力のない業者が元請負人となって利益を中間搾取することを防ぐためである。

*2｜建築途中の建物

建築途中の建物の工事が済んだ部分を出来形という。建築途中の建物であっても，屋根をもち，壁に囲まれて，独立の建造物として存在するに至れば，床や天井は未完成でも，「建物」として不動産登記簿に登記することができる（大判昭和10・10・1民集14巻1671頁）。こうした意味での「建物」に至る前の出来形は，「建前」と呼ばれる。

> ☑ **読み解きポイント**
>
> 注文者と元請負人の間の建築請負契約の中に出来形の所有権を注文者に帰属させる旨の約定がある場合において，下請負人が材料を提供して工事を行っていたとき，その出来形の所有権は誰に帰属するか。

📖 判決文を読んでみよう

「建物建築工事請負契約において，注文者と元請負人との間に，契約が中途で解除された際の出来形部分の所有権は注文者に帰属する旨の約定がある場合に，当該契約が中途で解除されたときは，元請負人から一括して当該工事を請け負った下請負人が自ら材料を提供して出来形部分を築造したとしても，注文者と下請負人との間に格別の合意があるなど特段の事情のない限り，当該出来形部分の所有権は注文者に帰属す

ると解するのが相当である。けだし，建物建築工事を元請負人から一括下請負の形で請け負う下請契約は，その性質上元請契約の存在及び内容を前提とし，元請負人の債務を履行することを目的とするものであるから，下請負人は，注文者との関係では，元請負人のいわば履行補助者的立場に立つものにすぎず，注文者のためにする建物建築工事に関して，元請負人と異なる権利関係を主張し得る立場にはないからである。」

「これを本件についてみるのに，……たとえXが自ら材料を提供して出来形部分である本件建前を築造したとしても，Yは，本件元請契約における出来形部分の所有権帰属に関する約定により，右契約が解除された時点で本件建前の所有権を取得したものというべきである。」

「XのYに対する償金請求は理由のないことが明らかであるから，これを失当として棄却すべきであ〔る〕。」

> ⇩ **この判決が示したこと** ⇩
>
> 建築請負契約において，注文者と元請負人の間で，出来形の所有権を注文者に帰属させる旨の約定がある場合には，原則として，下請負人はこれに拘束され，出来形の所有権は注文者が取得するとした。

解説

Ⅰ. 従来の判例

建築請負契約において，目的物である建物（およびその建築途中の建前）が請負人と注文者のいずれに属するかという問題について，判例は次のように整理できる。

1 ▶▶ 請負人と注文者の二当事者関係の場合

判例はまず，請負人と注文者の二当事者のみが問題となったケースについて，建物・建前の所有権は，原則として，材料の全部または主要部分を提供した当事者に帰属すると判断した（材料提供基準説）。多くの場合には，材料は請負人が提供するから，実際のところ，建物・建前の所有権は請負人に帰属し，完成建物の引渡しによって注文者がその所有権を取得することになる。

例外は次の2つである。1つは，請負契約の中で注文者に所有権を帰属させる合意があった場合である。もう1つは，注文者が代金の全部（または大部分）を支払済みの場合である。後者の場合には，特別の事情がない限り，工事完成と同時に建物の所有権を注文者に帰属させる「暗黙の合意」があったとみるべきだからと理由が述べられている。

2 ▶▶ 下請負人を含む三当事者関係の場合

判例は，注文者，元請負人，下請負人という三当事者が問題になる場合でも，材料提供基準説をとっている。最判昭和54・1・25民集33巻1号26頁は，下請負人Pが材料を自ら提供して建築した建前について，別の建設業者Qが追加工事を行い建物を完成させたというケースである。このケースで最高裁は，建前の所有権が下請負人Pに帰属することを前提としている。そのうえで，Qの追加工事は民法246条の

*3 | 関連判例（大判大正3・12・26民録20輯1208頁）

材料提供基準説をとる理由については「建物ハ全然請負人ノ供給シタル材料及ヒ労力ニ因リテ成リタルモノニ係〔ル〕」からだと説明されている。

*4 | 関連判例（大判大正5・12・13民録22輯2417頁）

大審院は，請負人が承諾している以上，そうした特約をすることに何も妨げはなく，この場合建物の所有権は「引渡以前注文者ニ移転スル」と判示している。

*5 | 加工と所有権の帰属

他人の動産に工作を加えることを加工という。加工によって新たに生じたもの（「加工物」）の所有権について、民法246条1項は、元の動産の所有者（材料所有者）に帰属することを原則としつつ、加工物の価格が材料の価格を著しく超えるときは、加工者が所有権を取得すると定める。

加工にあたるとし、完成建物は同条1項ただし書によりQの所有に帰するが、これによって建前の所有権を失ったPは、民法248条に基づいてQに対する償金請求権を取得すると判示された。

Ⅱ. 元請負における特約の存在と下請負人

しかし、本判決では、こうした「材料提供基準説」の原則から導かれる結論をとらなかった。注文者Yと元請負人Aの間に建前・建物の所有権の帰属について特約があり、その効力が下請負人Xにも及ぶと判断したからである。

YとAの間で結ばれた特約の効力が、なぜXにも及ぶのか。本判決では、一括下請負であったことに注目をしている。一括下請負は、元請契約において元請負人が債務を負うことを前提に、下請負人がその債務を履行することを目的としている。このため、Xは、Yとの関係で、Aと異なる権利関係を主張することができないというのである。

Ⅲ. 契約相手倒産のリスク

本判決で、Xは、建前乙の所有権を有していたと主張している。しかし、Xは、建前乙、そしてそれを元にして建てられた建物甲の所有権そのものを取得することを望んでいるわけではないことに注意しよう。Xの真の意図は、Aの破産により下請代金を得られなくなったため、Yから工事に対する代償を得ようというものである。

しかし、契約相手が破産するリスクは、契約当事者が自ら引き受けるというのが原則である。たとえば、借主が破産すれば貸主は貸付金の弁済を受けられなくなる。

本件においてYは、所有権に関する特約を元請契約に盛り込んだり、請負代金を工事の進捗に応じて分割払いにするなど、Aの破産リスクに対処している。これに対してXは、そうした対処を行っていない。これをふまえれば、Xの主張は「本来XにおいてAに対して自ら負担すべき代金回収不能の危険をYに転嫁しようとするもの」（本判決における可部恒雄判事の補足意見）ということになろう（もちろん、立場の弱い下請負人の保護を政策課題として検討することの重要性を否定する趣旨ではない）。

*6 | 所有権取得に意味がない理由

建物甲（あるいはその建前である乙）は、注文者Yが所有する宅地の上に建っている。かりにXが甲または乙の所有権を取得したとしても、それはYの土地を不法占有している状態になるから、甲または乙を撤去しなければならなくなるはずである。

12 委任——任意解除と損害賠償

最高裁昭和56年1月19日判決（民集35巻1号1頁）　　　　　　　▶百選Ⅱ-62

事案をみてみよう

　共同住宅である建物（甲）を所有するAは，甲を一括してB会社に賃貸し，さらにY会社との間で甲の管理契約を締結した。それによれば，Yは，甲の賃貸に関する事務の一切（賃借人からの賃料の徴収，税金の支払，修理等）を任されたほか，賃借人がAに差し入れる保証金880万円の保管を委ねられ，これらの事務を無償で行う代わりに，保証金を事業資金として常時自由に利用してよいとされた。管理契約の期間は5年と定められ，11年の間，順次更新されたが，AY間の関係が悪化したため，AはYに対し契約解除の意思表示を行った。上記の保証金の返還請求権をAから譲り受けたXが，Yに対し保証金の返還を請求した。[*1]

> ### ✓ 読み解きポイント
>
> 　651条1項によれば，委任契約は各当事者がいつでも解除できる。しかし，本件では，Yが保証金を自由に利用することができるとされ，委任が受任者Yの利益のためにもなされている。このような場合にも，委任者Aによる解除が認められるのだろうか。認められるとして，委任者Aは何の責任も負わないのだろうか。

判決文を読んでみよう

　「……本件管理契約は，委任契約の範ちゅうに属するものと解すべきところ，本件管理契約の如く単に委任者の利益のみならず受任者の利益のためにも委任がなされた場合であっても，委任契約が当事者間の信頼関係を基礎とする契約であることに徴すれば，受任者が著しく不誠実な行動に出る等やむをえない事由があるときは，委任者において委任契約を解除することができるものと解すべきことはもちろんであるが〔最判昭40・12・17集民81号561頁，最判昭43・9・20集民92号329頁〕，さらに，かかるやむをえない事由がない場合であっても，委任者が委任契約の解除権自体を放棄したものとは解されない事情があるときは，該委任契約が受任者の利益のためにもなされていることを理由として，委任者の意思に反して事務処理を継続させることは，委任者の利益を阻害し委任契約の本旨に反することになるから，委任者は，民法651条に則り委任契約を解除することができ，ただ，受任者がこれによって不利益を受けるときは，委任者から損害の賠償を受けることによって，その不利益を填補されれば足りるものと解するのが相当である。」

*1 | **本件の請求の根拠**

委任契約においては，受任者は事務の処理に当たって受け取った物を委任者に引き渡さなければならない（646条1項）。本件の保証金もこうした受取物にあたるが，事務を処理する間Yは保証金を自由に利用できる旨が約定されていたため，YはこれをAに返す必要はなかった。しかし，解除により契約が終了したならば，Yは，もはや保証金を保持できず，Aから保証金返還請求権を譲り受けたXに対し返還しなければならない。

> **↓ この判決が示したこと ↓**
>
> 委任が受任者の利益のためにもなされたものである場合でも，委任者による任意解除は広く認められ，ただ損害賠償により受任者の不利益が償われればよいとした。

 解説

I. 任意解除とは

契約の当事者は，相手方に債務不履行があれば，契約を解除することができる（541条以下）。このような解除を「債務不履行解除」という。しかし，一方の当事者が他方に対して役務（サービス）を提供することを約束するタイプの契約では，相手方の債務不履行がなくても解除が認められることがあり，「任意解除」と呼ばれる。「委任は，各当事者がいつでもその解除をすることができる」という651条1項はその典型であり，本件におけるAの解除もこれを根拠とする。受任者が委任者のために一定の事務を処理するという委任契約は，当事者間の信頼関係を基礎に成り立っている。そうであるならば，事務の処理をする・してもらうのがいやになった者を，無理に契約関係に拘束すべきでないというわけである。

II. 任意解除の制限？

もっとも，その契約によって利益を得ることを期待していた相手方からすれば，一方的に契約関係を終了させられると困ってしまう。651条1項の文言上，任意解除はどのような場合でも認められそうだが（図の①），本当にそれでよいのか。この問題について，判例は複雑な展開をたどった。本判決は，その1コマに位置付けられる。

⬇ 委任者による任意解除の可否

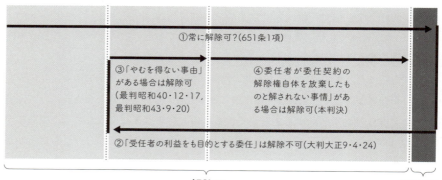

判例は，早くから，651条1項は委任者の利益のためにのみ受任者が事務を処理する場合に適用されるのであり，「受任者の利益をも目的とする委任の場合には，委任者による解除は認められない」というルールを確立し（大判大正9・4・24民録26輯562頁），受任者の保護を図った（図の②）。ただし，判例は，このルールを慎重に適用

---

*2 | 役務提供型の契約における任意解除

民法は，雇用・請負・委任・寄託という役務提供型の契約のそれぞれについて，任意解除を定めている。雇用については626条～628条，請負については641条，委任については651条，寄託については662条・663条を，それぞれ参照。

する。一方で，「受任者の利益」の意味を狭く捉える。単に受任者が委任者から報酬を得ることになっているだけでは足りず，プラスアルファの事情（報酬以外の利益）が必要とされる。他方で，ルールの例外を設ける。本判決も引用するように，受任者が著しく不誠実であるなど「やむを得ない事由」がある場合には，委任者による解除は認められる（図の③）。

　もう１つ，ルールの例外を設けたのが本判決である（図の④）。すなわち，「やむを得ない事由」がない場合でも，「委任者が委任契約の解除権自体を放棄したものとは解されない事情があるとき」には，委任者による任意解除は認められる。その理由は，この場合に解除を認めずに「委任者の意思に反して事務処理を継続させることは，委任者の利益を阻害し委任契約の本旨に反することになる」点に求められている。これは，651条１項で任意解除が認められている理由と大差なく，実質的に，同条項に忠実な解釈に戻った（任意解除は自由であり，それが認められないのはごく例外的な場合に限られる）ものと評価できる。

　平成29年の民法改正では，651条１項の文言が従来のまま維持され，解除が認められない場合について規定されるということはなかった。後述するように，他方で委任者の損害賠償責任が明文化されたこと（改正民法651条２項２号）からすれば，改正後の651条１項のもとでは，任意解除が（一定の場合に定型的に）制限されるという解釈をすることは，もはや難しいだろう（もちろん，同条項は任意規定であるから，当事者間で，解除を認めない，あるいは一定の場合にのみ解除を認める旨の特約をすることは可能である）。

Ⅲ．解除した当事者の損害賠償責任

　しかし，解除が認められるからといって，解除した者が全く責任を負わないことにはならない点に注意が必要である。本判決は，受任者が委任者に対して損害賠償請求することを認める。解除は認められる（契約関係は解消される）けれども，それによる受任者の不利益は，損害賠償でカバーされるというわけである。改正前の651条２項では，①「相手方に不利な時期に委任の解除をした」当事者は相手方に対して損害賠償責任を負うことが定められていたが，本判決は，②相手方に不利な時期の解除でなくても，「受任者の利益をも目的とする委任」の解除であれば，解除した当事者（委任者）は損害賠償責任を負うとしたのである。

　平成29年の民法改正後の651条２項では，上記の①のみならず②の場合にも損害賠償責任が生じる（ただし，いずれも，やむを得ない事由があった場合は除かれる）旨が明文化された。本判決は，委任者からの請求に関するものであったため問題とならなかったが，改正の議論の過程では，②の場合の損害賠償の具体的な内容は，①の場合（解除の時期が不利なものであったことにより生じる損害の賠償に限られるとするのが通説であった）と異なり，委任契約が解除されなければ受任者が得たと認められる利益から，受任者が債務を免れることによって得た利益を差し引いたものであると指摘されている。

＊3｜「受任者の利益」の意味

以下の事案では，報酬の特約があるに過ぎず，「受任者の利益をも目的とする委任」にあたらないとされた。
①最判昭和43・9・3集民92号169頁：受任者が委任者の所有する物件の買手を探し，売買契約の成立と代金の納入を停止条件として報酬が支払われる旨の不動産売買仲介契約。
②最判昭和58・9・20判時1100号55頁：税理士（受任者）が会社（委任者）の税金に関する事務を行うほか，経営に関する相談に応じ，その参考資料を作成する旨の税理士顧問契約。
それに対し，本判決の事案では，甲の賃貸借契約・管理契約が存続する限り，Yは保証金を自己の事業資金として常時自由に利用することができる点に，報酬以外の利益が見出される。

＊4｜「やむを得ない事由」に関する判例

本判決が引用する2つの判例は，いずれも「やむを得ない事由」があるとして，委任者による解除を認めたものである。
①最判昭和40・12・17集民81号561頁：受任者が委任者たる会社の負債弁済の事務を委託されたものの，当該会社の収入から報酬を得る反面で積極的に負債処理を行わず，長期間経過しても多額の負債が残っていた。
②最判昭和43・9・20集民92号329頁：経営不振に陥った委任者が債権者の1人（受任者）に経営の一切を任せたが，受任者の不誠実な経営管理の結果として手形の不渡りを出した。

13 寄託——誤振込

最高裁平成8年4月26日判決（民集50巻5号1267頁） ▶百選Ⅱ-63

事案をみてみよう

*1 | 入金記帳
銀行などの金融機関において、自分の口座の預金通帳に口座からの入金履歴を記入すること。一般に、入金記帳がなされることにより、振り込まれた金額につき受取人に預金債権が成立すると解されている。

*2 | 差押え
差押えとは、強制執行の第1段階の手続であり、差押目的物（この事案でいうとCの預金債権）の凍結を目的とするものである。この事案で差押命令が下されると、Cに対してA銀行の預金債権の取立てその他の処分が禁止されるとともに、A銀行に対してCへの預金の支払が禁止される（民事執行法145条1項）。

*3 | 第三者異議の訴え
強制執行を行う手続上のルールを規律する民事執行法は、執行の迅速性・効率性を確保するため、債務者の財産に属することの概観があれば、適法に差押えができることとしている。本件も、預金債権はCに帰属するという外観があるので、Yは差押えを行うことができる。しかし、実はその財産は債務者Cのものではなく第三者に帰属するという場合、その第三者は、その財産に対する執行の排除を求めることができる。これが第三者異議の訴えである。

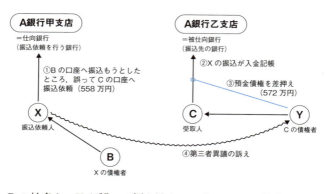

①Xは、A銀行甲支店において、債権者Bへ558万円の振込依頼をしようとしたところ、誤って債務のないCの口座へ振込依頼をしてしまった。実は、Xが振り込もうとしたBの社名と、Xが誤って振り込んでしまったCの社名のカタカナ読みは同一であり、BもCも支店は異なるものの同じ銀行に預金口座を有していた。また、Xは、今回の誤振込をする数年前までは、C社と取引関係があり、Cの預金口座に振込をしたこともあった。このような事情があったために、Xは誤って振込をしてしまったものと思われる。②その振込依頼に基づいて、CがA銀行乙支店に有していた普通預金口座に入金記帳がなされた。③Cの債権者Yは、CがA銀行に有している普通預金債権を差し押さえた。その際の預金残高は、572万円であった。④そこで、Xは、Yの差押えに対して、Cの口座の残高のうち558万円について強制執行の排除を求めて第三者異議の訴え（民事執行法38条）を提起した。

✓ 読み解きポイント

Xが誤って振込依頼をした558万円について、CのA銀行に対する預金債権が成立するのか？　かりに預金債権が成立するのであれば、Cにとって身に覚えのない振込であるにもかかわらず、Cは預金債権の正当な債権者となる。そして、差押えを行ったYも、その558万円から正当に債権回収が行えることになる。つまり、C、または差押えを行ったYに、「棚ぼた的利益」が認められることになる。それでいいのか？　Xに何らかの保護を与えることはできないのか？

📖 判決文を読んでみよう

(1) 「振込依頼人から受取人の銀行の普通預金口座に振込みがあったときは、振込依

頼人と受取人との間に振込みの原因となる法律関係が存在するか否かにかかわらず，受取人と銀行との間に振込金額相当の普通預金契約が成立し，受取人が銀行に対して右金額相当の普通預金債権を取得するものと解するのが相当である。けだし，前記普通預金規定には，振込みがあった場合にはこれを預金口座に受け入れるという趣旨の定めがあるだけで，受取人と銀行との間の普通預金契約の成否を振込依頼人と受取人との間の振込みの原因となる法律関係の有無に懸からせていることをうかがわせる定めは置かれていないし，振込みは，銀行間及び銀行店舗間の送金手続を通して安全，安価，迅速に資金を移動する手段であって，多数かつ多額の資金移動を円滑に処理するため，その仲介に当たる銀行が各資金移動の原因となる法律関係の存否，内容等を関知することなくこれを遂行する仕組みが採られているからである。」

(2)「また，振込依頼人と受取人との間に振込みの原因となる法律関係が存在しないにかかわらず，振込みによって受取人が振込金額相当の預金債権を取得したときは，振込依頼人は，受取人に対し，右同額の不当利得返還請求権を有することがあるにとどまり，右預金債権の譲渡を妨げる権利を取得するわけではないから，受取人の債権者がした右預金債権に対する強制執行の不許を求めることはできないというべきである。」

⇩ **この判決が示したこと** ⇩

　振込依頼人（X）から受取人（C）の銀行（A）の普通預金口座に振込があったときは，振込依頼人と受取人との間に振込の原因となる法律関係が存在するか否かにかかわらず，受取人と銀行との間に振込金額相当の普通預金契約が成立し，受取人が銀行に対して右金額相当の普通預金債権を取得する。この事案は，XはCに対して何ら債務を負っていなかった，つまり振込の原因となる法律関係が存在しない事案であるが，Xが誤ってCの口座に振り込んだ場合，Cは，振込金額相当の預金債権を取得することになる。

👆 解説

Ⅰ．普通預金契約の内容

　誰かにお金を支払わなければならないとき，直接お金を渡すこともあるが，その人の銀行口座にお金を振り込むこともある。その場合，しばしば振込先として用いられるのが普通預金の口座である。銀行と預金者が普通預金契約を締結すると，銀行は，預金者からお金を預かる義務を負うとともに，第三者から預金者に振り込まれた振込金を受け入れて，預金者の預金債権に組み入れる義務を負うこととなる。一般に，各銀行は，普通預金規定を設けており，そこに契約内容が定められている。なお，振込を依頼する人（振込依頼人）が，振込依頼を行う銀行のことを仕向銀行と呼び，振込先の銀行を被仕向銀行と呼ぶ。

　この普通預金契約は，民法の規定する消費寄託契約（666条）にあたる。銀行が，消費寄託契約の受寄者である。消費寄託の受寄者は，預かった物を消費でき，同種・

同等・同量の物を返還すればよい。つまり，銀行は，預かったお金を運用することなどができる。

Ⅱ．預金者は誰か

　この判決は，預金者は誰かという問題にも関係している。かつて判例は，出捐者，つまり実際にお金を支出した人が預金者であるという立場をとっていた（最判昭和32・12・19民集11巻13号2278頁，最判昭和50・1・30民集29巻1号1頁）。これを客観説という。ただし，客観説をとる判例は，いずれも定期預金契約，すなわち，期間をあらかじめ定めて預け入れを行い，期間が満了するまで原則として払戻しができない預金契約に関するものである。この定期預金契約は，第三者に振込をすることや，第三者からの振込を受け取ることは予定されていない。つまり，第三者から，あるいは第三者への振込を予定している普通預金とは，性質がかなり異なる。普通預金契約については，第三者が振り込んだ資金について，口座開設当初の預金者が預金者になると判示する下級審裁判例がある（東京高判平成7・3・29金法1424号43頁）。

Ⅲ．預金債権の帰属

　それでは，XがB社に558万円を振り込もうとしたが，誤ってC社に振り込んでしまった場合にも，CがA銀行に対して558万円の預金債権を取得するのであろうか。最高裁は，XとCとの間に，振込の原因となる取引関係がなかったとしても，XがCの有するA銀行の普通預金口座に振込を行ったときは，AとCとの間に振込金額相当の普通預金契約が成立するという立場を示した。それは，この事案でいえば，Cは，A銀行に対して558万円の預金債権を取得し，Cの債権者であるYは，この預金債権に対して強制執行を行うことができることを意味する。

　最高裁は，このような立場をとるに際して2つの理由を述べている。第1は，A銀行とCとの間の普通預金契約の内容となる普通預金規定には，振込があった場合にはこれを預金口座に受け入れるという趣旨の定めがあるだけで，受取人（C）と銀行（A）との間の普通預金契約の成否を振込依頼人（X）と受取人（C）との間の振込の原因となる法律関係の有無に懸からせていることをうかがわせる定めは置かれていないという理由である。つまり，銀行は，振込を受け入れると一般的に述べており，個別の振込について原因関係がない限り受け入れないという約定にはなっていないという論拠である。第2は，銀行が資金移動の原因となる法律関係の存否，内容等を関知することなくこれを遂行する仕組みがとられているという理由である。

Ⅳ．Xの不当利得返還請求権の優先性

　最高裁の立場のように，たとえ誤振込であってもCのA銀行に対する預金債権が成立するとしても，XはCに何ら債務を負っていない以上，この558万円の財貨の移転に「法律上の原因」はない。このような原因のない財貨の移転を調整するため，XはCに対して，558万円の返還を請求する権利が認められる。これを不当利得返還請求権という（703条・704条→**Chapter Ⅱ**〔p.57〕，**Introduction**〔p.58〕）。

したがって，たとえ Y が C の預金債権を差し押さえたとしても，X も C に対して不当利得返還請求権を有している以上，X は，C の預金債権から自らの債権を回収することができる。より具体的には，Y が C の預金債権に強制執行をかけた場合に，X もその手続に参加して，自らの配当を求めることができる。これを配当要求という（民事執行法 154 条）。

もっとも，配当要求により X も強制執行手続に参加しても，X が他の債権者に優先して 558 万円を取得することができるわけではない。かりに，①C の預金額が，Y および X の債権額の合計よりも小さい，②C の預金債権に対する強制執行に参加したのは，X と Y のみである，③X の債権額と Y の債権額の比率が 1：2 である，こととする。このような場合，あくまでも Y の債権額と X の債権額に応じた分配がなされるにとどまる。これを債権者平等の原則という。この原則によれば，X が回収できるのは，C の預金額の 3 分の 1 にとどまる。

しかし，かりに，C や Y に棚ぼた的利益を与えるのは望ましくないと考える場合，たとえ C に預金債権の帰属を認めるとしても，558 万円については X が Y よりも優先して回収できるという解釈もありうる。しかし，最高裁は，判決文 **(2)** においてこのような解釈を否定している。すなわち，判決文 **(2)** においては，A と C の間に預金債権が成立することを前提に，X に他の債権者（たとえば Y）がした強制執行の排除を求めることができるような優先権はないと述べられている。つまり，X の不当利得返還請求権は，他の債権者に優先するものではなく，債権者平等の原則に基づいて債権回収ができるにとどまることになる。このような最高裁の立場を前提にすれば，棚ぼた的利益を認めず，X に優先的な取戻しをできるようにするには，何らかの立法が必要であることになる。

*4 │ **解釈の分かれ道**
最高裁の立場は，2 つの選択肢を経たうえでたどり着くことになる。その道筋を図に表しておこう。最高裁は，青の矢印（実線）の道筋をたどっている。

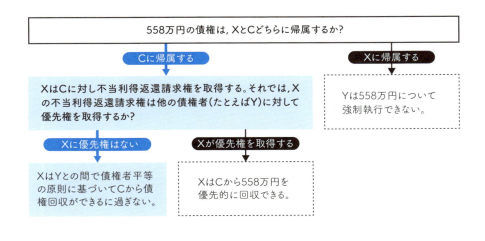

14 和解——後遺症と示談

最高裁昭和43年3月15日判決（民集22巻3号587頁）　　　▶百選Ⅱ-95

事案をみてみよう

　A建材会社の運転手であるBは，Aの車両を修理中に，運送業社Yの被用者Cが業務として運転していた普通貨物自動車に接触され，左前腕骨複雑骨折の傷害を負った。事故後すぐに，Yの取締役Dが示談書を持参し，入院中のBを訪ねた。示談書には，本件事故による治療費その他慰謝料などの一切を，自動車損害賠償保険金により支払うこと，および事後本件に関しては治療費その他慰謝料などの一切の要求を申し立てない旨の約定が記載されていた。事故直後の診断では，Bの傷害は全治15週間の見込みとされ，B自身も治療費等は自動車損害賠償保険金でまかなえると考えていたようである。DはBに，早く示談をすれば早く保険金が受け取れるなどと話し，示談契約が成立して，Bは保険金の10万円を受領した。

　しかし，事故後1か月以上経ってから，Bの傷害は予期に反し重症であることが判明した。再手術が必要となり，手術後も左前腕関節に重い機能障害が残った。この再手術や後遺障害によるBの損害は，77万円余であった。業務中に遭遇した交通事故は労働災害（労災）でもあったので，労災保険給付が申請され，国Xは，Bに，労働者災害補償保険法（労災法）に基づき，労災保険給付として，40万円弱の支払をした。そして，Xは，労災法の保険代位の規定を根拠に，本来損害賠償をBに支払うべきYに対して，保険給付の限度で損害賠償請求をした。これに対し，Yは，上記示談契約が成立しているので，Bの損害賠償請求権は消滅しており，その後にXが保険給付を行ったとしても，Xが損害賠償請求権を取得することはないとして争った。

✓ 読み解きポイント

　一定額の支払を受けることにより，その余の損害賠償請求権を放棄するという示談が成立した後，示談当時に予想できなかった損害が発生した場合，示談が成立していてもなお，予想外の損害について被害者は賠償請求できるだろうか。

判決文を読んでみよう

　「一般に，不法行為による損害賠償の示談において，被害者が一定額の支払をうけることで満足し，その余の賠償請求権を放棄したときは，被害者は，示談当時にそれ以上の損害が存在したとしても，あるいは，それ以上の損害が事後に生じたとしても，示談額を上廻る損害については，事後に請求しえない趣旨と解するのが相当である。」

＊1｜自動車損害賠償保険金

自動車損害賠償保障法は，交通事故の被害者を救済するため，自動車を運行の用に供する者が，強制的に加入する責任保険制度を導入している。交通事故被害者の生命・身体の侵害による損害については，限度額の範囲内で，保険金が支払われる仕組みとなっている。

＊2｜保険代位

被害者が加害者に損害賠償請求権を取得するとともに，保険会社に保険金請求権も取得するという場合，被害者がこれらを二重に取得することは認められていない。事故保険では，事故が起きやすくなったり，故意に事故が起こされる事態を回避するため，保険によってかえって儲かってはいけないという利得禁止の考え方が採用されている。そこで，保険金を支払った保険会社に損害賠償請求権が移転する保険代位というルールが設けられている。労災法にも，国は，保険給付の原因である事故が第三者の行為によって生じた場合において，労災保険給付をしたときは，その給付の価額の限度で，保険給付を受けた者が第三者に対して有する損害賠償の請求権を取得すると規定されている（労災法12条の4参照）。

しかし，「全損害を正確に把握し難い状況のもとにおいて，早急に小〔少〕額の賠償金をもって満足する旨の示談がされた場合においては，示談によって被害者が放棄した損害賠償請求権は，示談当時予想していた損害についてのもののみと解すべきであって，その当時予想できなかった不測の再手術や後遺症がその後発生した場合その損害についてまで，賠償請求権を放棄した趣旨と解するのは，当事者の合理的意思に合致するものとはいえない。」

⇩ この判決が示したこと ⇩

被害者が一定額の支払を受けることにより，それ以上の賠償請求権を放棄する内容の示談契約は，少なくとも，全損害を正確に把握し難い状況のもとにおいて，早急に少額の賠償金額で示談がなされた事情がある場合には，示談当時発生を予想できなかった損害の賠償請求権まで放棄する趣旨を含まない。示談が成立していてもなお，被害者は予想外の損害について賠償請求できるとした。

☝ 解説

Ⅰ．示談とは

示談とは，民事上の紛争を解決するため，または紛争を回避するため，ある民事上の問題の終局的な紛争解決を目的として行われる契約である。民法における典型契約の一つである和解（695条）は，①「争い」の存在，②「互譲」の存在，③「争いを終結させる合意」を要素とするものとして定義されている。和解が成立した場合，和解によって確定された内容が真実の権利関係と異なるとしても，和解によって権利の移転や消滅が行われたものとして，争いの蒸し返しはできないことになる。これを和解の確定効という（696条）。和解の成立要件に関し，重要なのは真実がどうあれ法律関係を確定させる意思なので，互譲を和解の成立要件と解するべきではないという見解や，一方のみが譲歩して法律関係の確定について合意した場合，これが民法にいう和解ではないとしても，和解と類似の契約であることから696条（和解の確定効）を類推適用できるとする見解がある。

示談は，法律上の概念ではなく，広く慣用的に用いられている言葉である。示談が民法上の和解に該当することもあれば，互譲がないなどのため，民法上の和解に該当しない場合もある。いずれにせよ，示談成立にもかかわらず，予想外の事実が判明した場合などに，争わないとされた権利義務の範囲や錯誤の主張可能性をめぐって，しばしば争いが生じる。本件では，事故の被害者Bではなく，労災保険給付を行った国Xが，Bの有していたYに対する損害賠償請求権を代位取得したと主張し，これに対し，Yは，示談によって，再手術や後遺症に関する損害賠償請求権もBによって放棄されており，Xが損害賠償請求権を取得することはない[4]として争ったのである。

Ⅱ．本判決の法律構成 ── 契約の解釈

示談（和解）によって，ある権利が放棄され消滅したことになるかは，問題となっ

*3 │ 互譲

互いに譲りあうとは，当事者の主張を基準として，双方が何らかの不利益を甘受することである。本件の事案からは明確とならないが，本件の示談内容が，双方が譲歩をして不利益を甘受したものでなければ，互譲はないということになる。

*4 │ 労災保険給付と示談

労災であるからといって，被害者が示談をする自由がなくなるわけではない。被害者が示談によって，損害賠償請求権の全部または一部を放棄したような場合には，その限度で，国は保険給付を行う必要がなくなる（最判昭和38・6・4民集17巻5号716頁）。

＊5｜和解（示談）の公序良俗違反

さらに，被害者の窮状や無知に付け込んで，極めて少額で示談を成立させたような場合には，示談が90条により無効となる可能性もある。もっとも，公序良俗違反が認められるハードルは高いものである。

＊6｜最判昭和33・6・14民集12巻9号1492頁〔苺ジャム事件，百選Ⅱ-67〕

金銭支払義務の存否に関する争いをやめるため，裁判上の和解において，債務者は債権者に苺ジャムを代物弁済（482条参照。弁済者が債権者との契約に基づき，債務者の負担した給付に代えて，他の給付をすることにより，弁済と同一の効果を生じさせることである）として引き渡し，債権者は債務の支払を免除するという内容の和解が成立した。この和解にあたり，債権者はこのジャムが市場で一般に通用する品質を有していることを前提としていた。しかし，ジャムは粗悪品であった。このような事案において，最高裁は，意思表示の重要な部分に錯誤があったとして，和解契約の錯誤無効を認めた。代物弁済として引き渡されるジャムの品質は，争いや互譲の対象ではない。しかし，当事者が和解にあたり前提としていた重要な事項だったということである。

ている権利義務関係が，示談の対象となっていたか否かに左右される。これは契約の解釈によって確定される。示談書などの文言のみならず，当事者の関係，従前の経緯，示談時の状況などを考慮し，意思表示の正当な意味内容が確定される。本判決は，契約の解釈によって，示談の対象を，示談当時予想していた損害に限定したものである。

契約の解釈に際して，本判決は，示談時の状況を重視し，再手術や後遺症など不測の損害に対する賠償請求権は，示談の対象となっていないとした。具体的に指摘されているのは，「(i)全損害を正確に把握し難い状況」および「(ii)早急に」「(iii)少額の賠償金」をもって満足する旨の示談であったという事情である。もっとも，本判決と同様の判断を導くのに，(i)(ii)(iii)の充足がすべて要求されるわけでない。本判決は，少なくとも，これらの事情がある場合，不測の後遺症などによる損害の賠償請求権は，示談の対象外であったと判断したものである。

Ⅲ. 示談（和解）を争うその他の法律構成

示談（和解）を争うために，錯誤取消しもよく主張される法律構成である。[*5] 契約の解釈によれば，ある権利を放棄する内容の示談であると確定された場合に，それでも，被害者は示談の基礎とした事実を勘違いしていたとして，錯誤取消しを主張する可能性が残る（95条1項2号2項）。

しかし，和解には，確定効があり（696条），争いや互譲の対象となった事項について，和解内容と異なる事実に関する証拠が後から出てきたとしても，錯誤の主張は認められないと考えられている。判例は，和解における争いや互譲の対象ではないものの，当事者らがその事実を確実なものと考えて，和解の前提としたような事項について錯誤があった場合には，それが和解契約における要素の錯誤（改正前95条本文）と評価できる限りで，和解の錯誤無効を認めてきた（大判大正6・9・18民録23輯1342頁，最判昭和33・6・14民集12巻9号1492頁[*6]）。また，錯誤に陥ったことについて，表意者に重過失（95条3項）があると判断される可能性も少なくない。錯誤無効の主張はそう容易には認められないといえそうである。

雇用・組合

役務提供型契約やその他の契約には，実に多彩な契約類型が含まれている。そして，1970年代以降，サービス化経済が進展する中で，民法が作られた明治時代に比して複雑さ・重要さが増していることに注目しよう。ここでは，本文で取り上げることができなかった雇用と組合についていくつか判例を紹介する。

1. 雇用

雇用とは，使用者に従属して使用者のために労働する契約である。会社員やパート・アルバイトとして働く契約がこれにあたることは明白だが，ケースによっては，雇用にあたるか，請負・委任にあたるか判断が難しいこともある。

製品を製造する企業（メーカー）は，伝統的には，修理部門を自社内に設け，顧客から製品の故障の連絡を受けると，修理部門に所属する自社の社員（修理工）を顧客のもとに派遣し，修理にあたらせることが普通であった。そこでは，修理工はメーカーと雇用契約を結んだ労働者であった。しかし近年では，業務の効率化・低コスト化を狙って，こうした修理工を個人工務店として独立させたうえで，この工務店との間で業務委託契約（請負または委任の性質をもつ）を締結し，顧客から受けた修理の依頼をこの工務店に回して，修理等の対応にあたらせるという方法をとることが多くなっている。こうした業務委託契約方式において，修理工は，メーカーから独立した個人事業主とはいえ，実際にはメーカーの指揮下に組み込まれており，雇用契約に近い実態がある。

こうしたことを背景に，修理工が，待遇の改善を求めて労働組合に加入し，メーカーに対して団体交渉（労使交渉）を申し入れたところ，メーカーが，修理工は労働者でない以上，団体交渉に応じる必要はないとして，これを拒否したという事案が生じている（正確には，メーカーに対して都道府県労働委員会が出した救済命令の取消しを求めて，メーカーが行政訴訟を提起したというものであり，修理工は参加人という資格で訴訟に参加している）。

こうした事案に関する最判平成23・4・12労判1026号27頁（トイレなど住宅設備機器のメーカーに関する事件）および最判平成24・2・21民集66巻3号955頁（音響機器メーカーに関する事件）は，メーカーと修理工の間で「業務委託契約」として契約が結ばれていたとしても，その労務の実態に鑑みれば，修理工は，メーカーの指揮監督の下に労務を提供しており，労働組合法上の労働者にあたると判示した。同様の判例が，民間放送会社と管弦楽団員の関係（最判昭和51・5・6民集30巻4号437頁）や，劇場運営財団と合唱団員の関係（最判平成23・4・12民集65巻3号943頁）についても出されている。

いずれも，労働組合法という特別法に定める「労働者」の定義をめぐる判例であるが，民法の解釈にとっても，雇用・請負・委任という3つの契約類型の区別がどのように行われるべきかを示すものとして重要である。

2. 組合

組合は，複数の者がそれぞれに出資（金銭の出資だけでなく，物や労務の出資でもよい）をして，共同の事業を営むという契約である。身近なところではマンション管理組合（建物の区分所有等に関する法律に特則がある）が例としてあげられる。取引実務上の例としては，大規模な建築工事において見られる共同企業体（ジョイント・ベンチャー。最大判昭和45・11・11民集24巻12号1854頁）や，映画の製作委員会などの例がある。

組合の事業に必要な財産は「組合財産」と呼ばれるが，組合は法人ではないため，この財産は組合に帰属するわけではなく，総組合員が共有している状態になり（668条），民法249条以下の共有の規定が適用されるのが原則である（最判昭和33・7・22民集12巻12号1805頁）。ただし，組合の事業のための財産であるということから，組合員による権利行使については，制約が課されている（676条・677条）。

組合員は，組合の存続期間が定められていないときには，いつでも組合を脱退できる（678条1項本文。組合の存続期間が定められているときでも，やむを得ない事由があるときは，脱退できる〔同条2項〕）。判例では，存続期間の定めのない組合（ヨットクラブ）において，やむを得ない事由があっても脱退を許さない旨の組合契約は，組合員の自由を著しく制限するものであり，公序良俗に反して無効になるとしたものがある（最判平成11・2・23民集53巻2号193頁）。

Chapter II 不当利得

本章では，不当利得について学ぶ。契約（**Chapter I**）が，当事者の合意によって成立するのに対して，不当利得は，当事者の合意に基いて成立するわけではない。不法行為（**Chapter III**）も当事者の合意によらない債権発生原因であるが，不法行為が成立要件に故意・過失という主観的要件を含むのに対して，不当利得ではこれが含まれない点で違いがある。

不当利得という制度の存在理由（制度趣旨）は，伝統的には，「衡平（公平）の観念」に基づいて利得者と損失者の間で利得の調整を図るものだと説明されてきた（この立場を衡平説〔公平説〕という）。しかし，あまりに抽象的な説明であり，（そもそも衡平は，あらゆる法制度において配慮されるべき理念だともいえる），解釈の指針として役に立たないとの批判がある。

こうした批判を受けて，不当利得は，制度趣旨を異にする複数の類型に分けて考えるべきだとするのが類型論である。無効・取消し・解除などによる契約の巻戻しが問題になる場合（給付利得）と，他人の物の無断使用のように所有権侵害が問題になる場合（侵害利得）とでは，利得を返還させる根拠が異なるというのである。

もっともこれらの2類型のほかにどのような類型を立てるか，それぞれの類型の中でどのように解釈論を展開するかについては，見解が統一されているわけではない。詳細は，発展的な学習として，各自で教科書・体系書を読んでみてほしい。

Contents

I 契約
 II 不当利得
III 不法行為

Chapter II 不当利得

Introduction

不当利得

不当利得については，703条から708条まで規定があるけれども，どういうことが定められているのだろう？　そもそも，「不当」かどうかはどうやって決まるのかな？

1. 一般不当利得

不当利得に関する規律は，一般不当利得と特殊不当利得に分けられる。

一般の不当利得とは，不当利得についての原則となるルール（要件・効果）のことをいい，民法では703条・704条に定められている。[*1]

不当利得は，①当事者の一方に利得があり，②それと因果関係のある③損失が他方の当事者に生じているときに，利得を返還させる制度である。［判例15］は，何が返還するべき利得にあたるかという問題に関係する判例である。

しかし，これらの要件をみたしただけで不当利得が成立するならば，たとえば，建物をその所有者から賃借して，そこに居住していたという場合にも，建物の使用利益を，建物所有者の損失によって得ていることになるから，不当利得が成立することになってしまう。そこで，④利得者が得ている利得に法律上の原因がないことも，要件に加えられている。賃貸借契約に基づいて使用利益を得ているのであれば，その利得は，契約という法律上の原因が存在するので，不当利得にならない。しかし，賃貸借契約なしに，勝手に建物に住み着いていたのであれば，法律上の原因が存在しないので，不当利得が成立する。

2. 特殊不当利得

特殊不当利得は，一般不当利得に対する例外ルールのことをいう。民法では，705条から708条に規定があるが，いずれも利得の返還を請求できなくなる場合について定めている。このうち708条の定める不法原因給付に関係するのが［判例16］である。

さらに，特殊不当利得の中には，民法に直接の規定がないケースもある。とりわけ，3当事者間での利得の返還の問題が重要である。［判例17］は，その中でも転用物訴権と呼ばれるケースを扱うものである。

---

*1 | 703条と704条
703条・704条は，法律上の原因がないことについて利得者が善意か悪意かによって，返還されるべき利得の範囲に違いを設けている。

15 一般不当利得
——代替物の処分と返還されるべき金額

最高裁平成19年3月8日判決（民集61巻2号479頁）　　　▶百選Ⅱ-69

事案をみてみよう

　Xは，A証券会社を通じて，B社の株式を29株取得し，その株券を受領したが，本件株式について発行会社であるB社に名義書換えの手続を請求していなかった。[*1]このため，B社の株主名簿上は，依然として，本件株式の前の保有者であるY社の名が記載されたままであった。

　その後B社は，普通株式1株を5株に分割する旨の株式分割を実施した。これにより，Xの保有する本件株式29株は，145株になることとなった。[*2]B社は，この株式分割で新たに発行することとなった株券116枚を，株主名簿上に記載されていたY社に送付し，Y社はこれを受領した。後にY社は，この新株式116株を1株あたり23万余円で売却し，経費等を控除した2675万余円を取得した。

　Xは，新株式116株はXが保有するものであり，Yがこれを売って得た上記2675万余円の利益は不当利得にあたるとして，その返還を求めて提訴した。

　B社の株価はその後下落し，控訴審の口頭弁論終結時には1株あたり16万余円となっていた。控訴審はYの利得返還義務を認めたが，その額は，この株価に116株をかけた1867万余円にとどまるとした。これに対してXが上告した。

✓ 読み解きポイント

　株式を不当利得した受益者（ここではY）が，その株式を第三者に売却してしまった場合，不当利得に基づく義務として，損失者（ここではX）に対して何を返還するべきだろうか。問題となるのは2点ある。第一に，本件で問題となっている株式（上場株式）[*3]のような代替物の場合，受益者が再度代替物を取得して現物返還にあてる義務（調達義務）を負うか否かが問題となる。第二に，調達義務を否定して（あるいは調達義務と併存するものとして）受益者が金銭での利得返還義務を負うとする場合，株式のように価格が変動するものについて，返還されるべき金額はどのように（いつの時点の価格を基準に）算定するかが問題となる。

判決文を読んでみよう

　「不当利得の制度は，ある人の財産的利得が法律上の原因ないし正当な理由を欠く場合に，法律が，<u>公平の観念に基づいて</u>，受益者にその利得の返還義務を負担させるものである〔最判昭和49・9・26民集28巻6号1243頁（百選Ⅱ-71）参照〕。

---

*1｜名義書換え

証券会社を通じて株式を購入すれば，株主としての地位を取得する。しかし，平成21（2009）年1月の株式電子化以前には，そうした株主としての地位を取得したことを，新株主が発行会社に届け出て，株主名簿上の名義を書き換える必要があった。この名義書換えが行われるまで，発行会社は株主名簿上の旧株主に対して，株主総会の通知，利益配当の実施，株式分割による新株券の交付などを行うことになる。株式電子化により，名義書換えの手続は不要となった。

*2｜株式分割

たとえば従来の1株を5株にするといったように，株式を細分化することを株式分割といい，会社は取締役会の決議で実施することができる。もっとも，株主が保有している資産の額がこれによって5倍になるわけではなく，計算上1株あたりの株価が5分の1になる。このように株式分割によって1株あたりの株価は下がるので，投資家が株式を購入しやすくなるというメリットがある。

059

*3 | 代替物

取引上その物の個性を問題とせず、同種・同等・同量の物をもって代えることができる物を代替物という。これに対して取引上、その物の個性に着目し、他の物に代えることができないものを不代替物という。たとえば本の売買契約であれば、書棚に置かれた本を客に渡そうと、倉庫から取り出した本を客に渡そうと問題はない。これが代替物の例である。しかし、土地の売買の場合には、いくら同じ広さ、同じ価格の土地であったとしても、不動産業者の勝手な判断で、客に引き渡す土地を取り替えることはできない。土地は不代替物だといえる。

　受益者が法律上の原因なく代替性のある物を利得し、その後これを第三者に売却処分した場合、その返還すべき利益を事実審口頭弁論終結時における同種・同等・同量の物の価格相当額であると解すると、その物の価格が売却後に下落したり、無価値になったときには、受益者は取得した売却代金の全部又は一部の返還を免れることになるが、これは公平の見地に照らして相当ではないというべきである。また、逆に同種・同等・同量の物の価格が売却後に高騰したときには、受益者は現に保持する利益を超える返還義務を負担することになるが、これも公平の見地に照らして相当ではなく、受けた利益を返還するという不当利得制度の本質に適合しない。

　そうすると、<u>受益者は、法律上の原因なく利得した代替性のある物を第三者に売却処分した場合には、損失者に対し、原則として、売却代金相当額の金員の不当利得返還義務を負うと解するのが相当である。〔大判昭和18・12・22法律新聞4890号3頁〕は、以上と抵触する限度において、これを変更すべきである。</u>」

　以上のように述べて、最高裁は、口頭弁論終結時の時価額に基づいて利得を計算した控訴審判決を破棄して、実際の売却代金に相当する額が不当利得になると判示した。

> ⬇ **この判決が示したこと** ⬇
>
> 不当利得の受益者が利得した物が代替物である場合において、その物が第三者に売却されるなどして現物返還ができなくなったときには、受益者の負う不当利得返還義務の内容は、原則として、売却代金相当額の金銭の返還となることが示された。さらに、受益者は調達義務を負わず、価格返還義務のみを負うことも示された。

 解説

I．序

　控訴審判決も最高裁判決も、いずれも金銭による不当利得返還を認める点では共通しており、しかしその金額（算定基準）は異なっている。控訴審判決が、（控訴審の）口頭弁論終結時の株価に基づいて返還額を計算したのに対して、最高裁判決は実際の売却代金額を返還するべきだと判示した。

*4 | 判決の効力の基準時

民事訴訟法のルールでは、判決は事実審の口頭弁論終結時の権利・義務の状態を確定するものだとされている。このため、判決によって支払が命じられる金額は、判決時の株価ではなく、口頭弁論終結時の株価（本件では口頭弁論終結日に近接した時点の株価として前日の終値を用いている）が基準となる。

　もっとも、控訴審判決と最高裁判決の対立は、返還額算定の基準時期がいつかという点にとどまるものではなく、考え方の根本に違いがある（そしてそれが、本判決において判例変更が行われた理由にもつながっている）。以下では、控訴審判決と比較することによって、本判決の意義を読み解くことにしよう。

II．不当利得の基本的な理解と控訴審判決の考え方

　不当利得の受益者は、取得した物を損失者に返還する義務を負う（現物返還）。しかし、物の滅失や第三者への譲渡などによってその返還ができないときには、その物の価格を返還する（価格返還）。不当利得の効果である利得返還義務は、このように説明されている。これを前提にすると、利得返還義務の範囲を考えるには、まず現物返還が可能かどうかを考えるのが素直である。

ここで本件では，受益者が利得した物が代替物であることから問題が生じる。というのも，受益者が利得した物が代替物である場合には，受益者は，それを第三者に売却してしまった後でも，市場から新たに同種・同等の物を同量調達して，それをもって「現物返還できる」と理解する可能性があるからである。本判決が引用（そして変更）する大審院昭和18年の判決は，こうした調達義務が存在するとした判決である。

控訴審判決はこれを前提にしたうえで，しかし，損失者は，（調達された）株券の返還を請求することに代えて，その価額，すなわち株券の調達に必要となる額の返還を求めることもできるとした。この場合の価額は，今株券を調達しようとするときに必要な金額ということになるから，口頭弁論終結時の株価を基準に算定することになる。

Ⅲ. 本判決の考え方

これに対して本判決では，現物返還の可否（と関係した調達義務の有無）を，検討の出発点としていない。そこでは，受益者が実際に手にした金額（売却代金）を手元に残したり，実際に手にした金額以上の支払を求められたりすることは「公平ではない」という判断が出発点となっている。その前提には，不当利得は「公平の観念」に基づく制度であるという理解がある。[*5]

そして，受益者が受け取った売却代金額の返還が（まさに売却代金額そのままに）認められるべきだという考えの方が前提となって，受益者の調達義務が否定されている。つまり，受益者に調達義務を認めてしまうと，損失者は，どんなに株価が下がろうと受益者が実際に手に入れた売却代金の返還を受けられるという立場を確保しながら，株価が上がった場合には受益者に対して調達義務の履行を求めることで，より高い利益を手に入れることができる。こうした「投機」ともいえる振る舞いを，受益者にリスクを負わせたうえで行うことは，不公平だと考えられる。こうした考え方から，本判決では，かつて調達義務を認めた大審院昭和18年判決を変更したのである。

なお不代替物の場合の不当利得の返還については，売却代金相当額の金銭を返還するべきであるというのが古くからの判例である（大判昭和11・6・30大審院判決全集3輯7号17頁）。本判決は，代替物についても同じルールが適用されることを示したものといえる。

Ⅳ. 返還されるべき金額についての「例外」

本判決は，「原則として」売却代金相当額の金銭が返還されるべきだと判示した。しかし，それに対する「例外」については何も述べていない。学説上とりわけ議論があるのは，受益者が実際に売却した額が，相場と大きく異なっていた場合（受益者の才覚により相場より高い値で売却した場合，逆に〔とりわけ悪意で〕相場より安い値で売却した場合）に，実際の売却代金額ではなく，客観的な相場によって返還額を算定するべきではないのかといったことが論じられている。

> ***5｜公平（衡平）説**
> 「公平の観念」に基づく制度という表現に，判例が，不当利得の制度趣旨について「公平（衡平）説」と呼ばれる立場をとっていることが現れている。公平説，およびこれと対立する類型論について詳しくは，**Chapter Ⅱ**の扉（p. 57）を参照。

16 特殊不当利得①——不法原因給付

最高裁昭和45年10月21日大法廷判決（民集24巻11号1560頁）　▶百選Ⅱ-73

事案をみてみよう

　昭和28年，妻子あるX（45歳位）は，高等女学校を卒業後上京していたY女（22歳位）と知り合い，同年9月頃Yを誘って情交を結んだことをきっかけに密会を重ね，同年10月にはYに勤務先の理髪店を辞めさせ部屋を借り受けてその生活を援助するとともに，近く妻とは離婚してYと結婚するつもりであると伝えていた。昭和29年6月，XはYに自活させるため，古い建物を購入したうえで取り壊し本件建物（甲）を再築し，Yに贈与して未登記のまま引き渡し，そこに住まわせて理髪業を営ませた。その後もXとYは情交関係を続けたが，昭和30年後半になって不仲となった。XはYに対し，甲の所有権は自分にあるとしてその明渡しを求め，訴訟係属中に甲につき自己名義の保存登記をした。Yは反訴を提起し[*1]，贈与により甲の所有権を取得したとして所有権移転登記手続を求めた。第一審・原審は本訴・反訴ともに棄却し，XY双方が上告した。本判決は，反訴請求について判示したものである。

*1｜反訴
訴訟の係属中に，被告が原告を相手方として係属中の本訴との併合審理を求めて提起する訴え（民訴146条1項）。

✓ 読み解きポイント

　XY間の甲の贈与契約は，公序良俗に反し無効である（90条）。そうすると，XはYに甲を返せといえそうであるが，708条が定める不法原因給付に該当するならばそうではない。不法原因給付の要件はみたされるだろうか。また，みたされる場合の法律関係は，具体的にどのようなものとなるだろうか。

📖 判決文を読んでみよう

(1)　「右贈与は公序良俗に反し無効であり，また，<u>右建物の引渡しは不法の原因に基づくもの</u>というのを相当とするのみならず，<u>本件贈与の目的である建物は未登記のものであって，その引渡しにより贈与者の債務は履行を完了したものと解される</u>から，右引渡しが民法708条本文にいわゆる給付に当たる」。

(2)　「しかしながら，……右贈与が無効であり，したがって，右贈与による所有権の移転は認められない場合であっても，Xがした該贈与に基づく履行行為が民法708条本文にいわゆる不法原因給付に当たるときは，<u>甲の所有権はYに帰属するにいたったもの</u>と解するのが相当である。けだし，同条は，みずから反社会的な行為をした者に対しては，その行為の結果の復旧を訴求することを許さない趣旨を規定したものと認められるから，<u>給付者は，不当利得に基づく返還請求をすることが許されないば</u>

かりでなく，目的物の所有権が自己にあることを理由として，給付した物の返還を請求することも許されない」。このように「贈与者において給付した物の返還を請求できなくなったときは，その反射的効果として，目的物の所有権は贈与者の手を離れて受贈者に帰属するにいたった」ものと解するのが，最も事柄の実質に適合し，かつ，法律関係を明確ならしめる」。したがって，Xの登記は実体関係に合わない無効な登記であり，Yは所有権移転登記手続を求めることができる。

⇩ この判決が示したこと ⇩

　Xによる甲の引渡しは不法原因給付にあたるとしたうえで，不法原因給付に該当するため不当利得返還請求ができない場合，給付者Xは受益者Yに対して所有権に基づく返還請求をすることもできないとし，さらに，給付した物（甲）の所有権は反射的に受益者Yに帰属することになるとした。

解説

I． 不法原因給付とその要件

　ある契約に基づいて給付を行ったが，その契約が無効だったり取り消されたりした場合，給付者は，給付したものの返還（原状回復）を求めることができる（121条の2）。無効や取消しによって契約の効力がはじめから生じなかったものとされる結果，給付をした理由（給付を基礎付ける法律関係）がなくなり，相手方（受益者）は法律上の原因なく利益を受けたことになるからである（給付利得）。にもかかわらず，不当利得返還請求（原状回復請求）が認められないことがある。不法原因給付（708条）にあたる場合がそれである。

　708条によれば，「不法」な原因のために「給付」をした者は，給付したものの返還を請求できない。たとえば，麻薬の売買は無効だが，売主が買主に引き渡した麻薬の返還を求めることはできない。こうしたルールの根拠は，一般に，「汚れた手を有する者（不法を犯した者）に法（裁判所）は助力しない」というクリーン・ハンズの原則に求められている。不法を行った者を助けるのは法の自己否定にほかならないし，不法原因給付は取り戻せないとすることで，不法を行うのを思いとどまらせることができるというわけである。

　もっとも，このルールは，本来認められるはずの権利（不当利得返還請求権）を否定する劇薬でもある。そのため，判例は，要件を厳しく捉える。不法原因給付にあたるためには，①「不法」な原因のために②「給付」したことが必要である（708条本文）[*2]。まず，①「不法」は，公序良俗や強行規定に反するだけでは足りず，裁判所の救済を奪うに値するような反倫理的・反道徳的なものでなければならない（最判昭和35・9・16民集14巻11号2209頁等）。本件の贈与は不倫関係の維持を狙ったものであり，これにあたることが前提とされている。また，②「給付」は，債務の履行を終局的に完了させるものでなければならない。相手方が終局的な利益を手にしなければ，未だ「不法」がなされたとはいえず，給付者への法的救済を否定することは正当化されないた

---

*2 | その他の要件

③「不法な原因が受益者についてのみ存した」場合には，返還請求は肯定される（708条ただし書）。なお，給付者にも多少の不法性がある場合でも，受益者の不法性の大きさを考慮して返還請求が肯定されることがある（最判昭和29・8・31民集8巻8号1557頁）。

めである。具体的には，不動産の場合，引渡しだけでなく登記の移転まで必要とされる（最判昭和46・10・28民集25巻7号1069頁）。もっとも，登記されていない不動産では引渡しのみで「給付」ありとせざるをえない。本判決の **(1)** はこのことを明らかにしている。

Ⅱ．不法原因給付の効果

不法原因給付の要件がみたされれば，不当利得返還請求は認められない。本件でいえば，XはYに対して甲を返せとはいえない。もっとも，XY間の契約は公序良俗違反で無効なのだから，甲の所有権はXにある（ことになりそうである）。Xは，所有権に基づく返還請求によって，甲を返せといえないだろうか。

これが可能であるとすれば，不当利得返還請求を否定した意味がなくなってしまう。本判決の **(2)** は，所有権に基づく返還請求もできないとした。708条は，「みずから反社会的な行為をした者に対しては，その行為の結果の復旧を訴求することを許さない趣旨」を定めたものであり，それは不当利得返還請求のみならず所有権に基づく返還請求にもあてはまるとされたのである。

なお，このように708条が不当利得の場面を超えて援用されるという現象は，不法行為でも見られる。すなわち，不法原因給付にあたるために給付の相手方に対して不当利得返還請求ができない者は，不法行為に基づく損害賠償請求もできない[*3]。また，何らかの給付がなされたわけではない，単純な不法行為に基づく損害賠償請求についても，貞操侵害を理由とする損害賠償請求が認められるか否かの判断に際して「708条の法の精神」との関係が問題とされたり[*4]，違法なヤミ金業者が被害者から損害賠償請求された際に被害者が得た利益（貸付金等）との損益相殺を主張するのは708条の趣旨に反して認められないとの判断が示されたりしている（最判平成20・6・10民集62巻6号1488頁）。

Ⅲ．給付した物の所有権は誰に帰属するか

問題は，さらにその先にある。本判決の **(2)** は，（無効な）贈与そのものではなくXが返還請求できないことの「反射的効果」として，甲の所有権はYに帰属するとし，したがってYは甲の登記名義を得ることができるとした。

本判決は，このように考えることで，法律関係が明確になるという。たしかに，Yは，甲の占有者であるとともに所有者となる。しかし，それは不法な結果を完全に実現させることにならないか。また，かりにXが第三者Zに甲を売却した場合，（Xと無効な契約を結んだ）Yが（Xと有効な契約を結んだ）Zより先に登記を備えればZに優先することになってしまわないか（177条）。甲の所有者はXのままでよいのだという見解が有力に主張されるゆえんである[*5]。

---

*3｜大連判明36・12・22刑録9輯1843頁

Yにだまされて「紙幣ヲ写シ取ル薬品」をYから購入し代金を支払ったXが，Yに対して不法行為に基づく損害賠償請求をした事案（刑事事件の付帯私訴）。大審院は，708条は不当利得返還請求のみならず不法行為に基づく損害賠償請求をも制限するものであるとし，請求を認めなかった。

*4｜最判昭和44・9・26民集23巻9号1727頁

妻と別れて結婚してくれるとY男に誤信させられ情交関係を結んだX女が，Yに対して慰謝料を請求した事案。最高裁は，妻がいることを知っていたとしてもそれだけで慰謝料請求が「708条の法の精神」に反して当然に許されないものと解すべきではなく，情交関係を誘起した責任が主として男性にあり，女性側の不法の程度と比べて男性側の違法性が著しく大きいと評価できる場合には，慰謝料請求は許されるとして，請求を認めた。

*5｜有力学説からの帰結

Xは甲の所有者だが，所有権に基づく返還請求は認められないので，Yを追い出せない。しかし，Yは所有者ではないので，甲が第三者Zに譲渡されれば明け渡さなければならない。XもYも不安定な地位に置かれるが，不法を行った以上，どちらも自業自得であると指摘される。

17 特殊不当利得②──転用物訴権

最高裁平成7年9月19日判決（民集49巻8号2805頁）　▶百選Ⅱ-70

事案をみてみよう

Yは，本件建物（ビル）の所有者である。①Yは，Aとの間で本件建物を賃料月額50万円，期間3年で賃貸する契約を締結した。Aは，本件建物に改修，改装工事をして，レストラン，ブティック等の営業施設を有するビルにすることを計画していた。その際に，a）AがYに権利金を支払わない，b）その代わりに，本件建物の修繕や造作の新設・変更等の工事はすべてAが負担する，c）また，Aは本件建物の返還時にYに金銭的請求を一切しないとの特約を結んだ。②Aは，Xとの間で本件建物の改修，改装工事を代金5180万円で施工する旨の請負契約を締結し，大部分の工事を下請業者を使用して完成させ，Aに引き渡した。

その後，③Aは，Xに残代金2750万円を支払わないまま所在不明になった。④Yは，AがYの承諾なしに本件建物中の店舗を転貸したことを理由に，契約を解除した。⑤Xは，Yに対し，不当利得を根拠に残代金相当額の支払を求めて本件訴訟を提訴した。

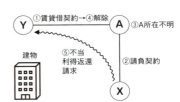

✓ 読み解きポイント

Xは，直接の契約当事者ではないYに対して，不当利得を根拠に残代金相当額を請求できるのか。

判決文を読んでみよう

「甲が建物賃借人乙との間の請負契約に基づき右建物の修繕工事をしたところ，その後乙が無資力になったため，甲の乙に対する請負代金債権の全部又は一部が無価値である場合において，右建物の所有者丙が法律上の原因なくして右修繕工事に要した財産及び労務の提供に相当する利益を受けたということができるのは，丙と乙との間の賃貸借契約を全体としてみて，丙が対価関係なしに右利益を受けたときに限られるものと解するのが相当である。けだし，丙が乙との間の賃貸借契約において何らかの形で右利益に相応する出捐ないし負担をしたときは，丙の受けた右利益は法律上の原因に基づくものというべきであり，甲が丙に対して右利益につき不当利得としてその返還を請求することができるとするのは，丙に二重の負担を強いる結果となるからである。」

---

*1 | 権利金

不動産賃貸借に伴って，敷金とは別に授受される金銭であり，契約終了時に返還されないものとして合意されているものをいう。たとえば，賃貸借契約を締結する際に，礼金を支払う場合があるが，それも権利金の一種である。

*2 | 造作

建物の内部を構成する部材や設備をいう。たとえば，畳，建具などが造作にあたる。

*3 | 転貸を理由とする解除

転貸とは，賃借人が，賃借人の地位を保持しつつ目的物をさらに貸すことをいう。賃借人が転貸をするには，賃貸人の承諾が必要である（612条1項）。無断転貸をしたとき，賃貸人は賃貸借契約を解除できる場合がある（612条2項）。詳しくは，［判例09］（p.34）を参照。

このように述べたうえで，本件のYがXの工事により受けた利益は，YがAの権利金の支払を免除したという負担に相応するものであり，法律上の原因なくして受けたものではないとして，不当利得返還請求を棄却した控訴審の判断を是認した。

> ⬇ **この判例が示したこと** ⬇
>
> XがAとの間の請負契約に基づき本件建物修繕工事をしたところ，その後Aが無資力になったため，XのAに対する請負代金債権の全部又は一部を回収できなくなった場合に，Yが法律上の原因なくして修繕工事に伴う利益を得たということができるのは，YとAとの間の賃貸借契約を全体としてみて，Yが対価関係なしに右利益を受けたときに限られる。

解説

Ⅰ． 転用物訴権とは

本判決では，Xの行った本件建物の修繕という給付をAに対して行ったが，その給付は，本件建物を取り戻したYの利益になっている。当然，Xは契約の相手方であるAに対して請負代金の支払を求めることができるが，Aには資力がなく，Aからの債権の回収は期待できない。そこで，XがYに対して利得の返還を請求している。このように，契約上の給付（Xによる本件建物の修繕）が相手方（A）のみならず第三者（Y）の利益になった場合に，給付を行った契約当事者（X）がその第三者（Y）に利得の返還を請求する権利のことを，一般に転用物訴権という。転用物訴権については，そもそもこのような権利が認められるかが問題となる。より具体的には，①YとXの間に契約関係がないにもかかわらず，Yの利得とXの損失の間に因果関係があるといえるか，②YA間の関係では，Aが必要費や有益費を支出した場合，Yは費用償還義務を負う（608条）ため，Yの利得に法律上の原因があるといえるか，という2つの点が問題となる（不当利得返還請求権が成立するための要件にどのようなものがあるかについては，**Chapter Ⅱ**の **Introduction**〔p.58〕を見直してみよう）。

Ⅱ． 昭和45年判決

このような転用物訴権が行使できるか否かが問題となった事件として，最判昭和45・7・16民集24巻7号909頁がある。昭和45年判決は次のような事案であった。ブルドーザーを所有するYは，Aにこれを賃貸していたが，AはXに修理をしてもらった。Xが修理した本件ブルドーザーをAに引き渡してまもなくAは倒産した。Yは本件ブルドーザーを引き上げたため，修理代金を受け取っていなかったXはYに対して不当利得返還請求をした。

この事案でも，契約上の給付（本件ブルドーザーの修理）が相手方（A）のみならず第三者（Y）の利益になった場合に，給付を行った契約当事者（X）がその第三者（Y）に利得の返還を請求する権利があるか否かが問題となっている。昭和45年判決は，Ⅰ．で紹介した①の問題については，直接の因果

---

*4 | 費用償還義務
賃借人が目的物に対する出費をすると，賃貸人は，費用償還義務を負う（608条。ただし，特約があればそれにしたがう）。まず，出費をしたのが賃貸目的物を約定された使用収益に適した状態にするために支出した費用（必要費）の場合，賃借人は，直ちに，賃貸人に対してその償還を請求できる（608条1項）。次に，出費をしたのが賃貸目的物の改良のために支出した費用（有益費）の場合，賃借人は，賃貸借契約が終了した時に，賃貸人に対してその償還を請求できる（608条2項本文）。

*5 | 昭和45年判決の事案

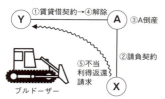

関係を肯定している。②の問題についても，YA間で修理費用をAが負担する特約があったとしてもXからYへの不当利得返還請求を妨げるものではないと述べて，不当利得返還請求権を認めている。

Ⅲ．3つの考え方

　昭和45年判決は，Aが無資力の場合に，広く転用物訴権を承認する立場をとったものと理解された（これを「全面肯定論」と呼ぶことにする）。この判決に対して学説は批判的であり，2つの立場が有力に主張されている。

　第1は，転用物訴権を全面的に否定するべきという立場である（これを「全面否定論」と呼ぶことにする）。これは，XA間の契約が有効である以上，XはAに対してのみ権利行使すべきであるという立場である。

　第2は，Yが無償で利益を取得した場合にのみ転用物訴権を認めるべきであるという立場である（これを「部分的肯定論」と呼ぶことにする）。この立場は，①AがYに対して費用償還請求権を有する場合には，この費用償還請求権はYの利得保有に対応する債権であり，Yの利得に法律上の原因がないとはいえないと考える。また，②YA間の関係を全体として眺めたときに，Yの利得が有償であると認められる場合，たとえばAが修理費用を負担する（費用償還請求権を放棄する）代わりに賃料が安くされている場合も，Yの利得に法律上の原因があると考える。そうしないと，Yは，賃料を安くするというかたちで修理費用に対応する経済的負担をしたのに加えて，転用物訴権によりXにも修理費用を支払わなければならず，二重の経済的負担をこうむることになるからである。これに対して，③Yが無償で利益を取得した場合には，Yを保護する必要性は①や②に比べると相対的に低いため，Xを保護することも正当化されうると考えることになる。

Ⅳ．本判決による修正

　本判決は，Yが法律上の原因なくして利益を得たといえるのは，YとAとの間の賃貸借契約を全体としてみて，Yが対価関係なしにその利益を受けたときに限られるという立場を採用している。これは，部分的肯定論，すなわち，Yが無償で利益を取得した場合にのみ転用物訴権を認めるべきであるという立場を採用したものと解されている。すなわち，本判決は，実質的に昭和45年判決を修正しているという評価が可能である。

　この判決に対しては，Yが免除した権利金の額とYが本件建物の修繕等により得た利益とでは，後者の額の方がはるかに大きいため，そのような場合も「対価関係がある」といえるのかという疑問も提示されている。さらには，Yが無償で利益を得たとしても，Yは適法に権利を取得したのであり，Xに転用物訴権を認めてYに対価の支払を強制する正当性はないと考える全面的否定論もなお有力である。

騙取金銭事例

1. 騙取金銭事例とは

転用物訴権（→〔判例 **17**〕）のような三者間での不当利得返還の問題は，そもそも誰が利得返還の当事者になるかという難しい問題を生じさせる。この問題は，特に，三者の中に資力のない者がいるときに，その無資力のリスクを背負うことになるのが誰かという問題に直結する。〔判例 **17**〕も，請負人 X は，注文者（建物賃借人）A の無資力のリスクを建物所有者 Y に負担させたいという動機をもっていたことに注意しよう。

三者（以上）間で不当利得返還の問題が生じる場合には，様々なものがある（〔判例 **13**〕のような誤振込のケースも，その一類型とみることができる）。ここでは，最高裁判例も多い騙取金銭事例を取り上げる。

騙取金銭事例とは，損失者 X から中間者 A が金銭を騙し取り，A がこの金銭を利得者 Y に交付する（多くの場合，A が Y に対して負っていた債務の弁済として交付される）という事例である。判例は，古くから，こうした事例において X の Y に対する不当利得返還請求権の成立を，原則として否定している。ただし，その理由（法的構成）については，変化がみられる。

2. 因果関係の欠如を指摘する判例

古い判例では，大判大正 8・10・20 民録 25 輯 1890 頁のように，因果関係の要件が欠けることを理由に，不当利得の成立を否定している（転用物訴権〔〔→判例 **17**〕〕でも因果関係の問題が論じられていることを参照）。事案は，A が，Y の名義の借用証書を偽造することで X から 2500 円の金銭を騙し取り，そのうちの 1971 円余りを，Y の B に対する債務への弁済として，B に交付したというものである（Y はこの弁済によって債務を免れたという利益を得ている）。判例は，不当利得の成立には「直接ノ因果関係」があることを要し，「中間ノ事実介在シ他人ノ損失ハ其中間事実ニ起因スルトキ」には，この要件がみたされないとした。そして本件では，A による弁済という中間事実が存するため，不当利得は成立しないと判断した。

3. 法律上の原因の存否の問題と位置付ける判例

しかし，その後の判例は，「利得に法律上の原因がないこと」という要件の問題と位置付けている。最判昭和 42・3・31 民集 21 巻 2 号 475 頁は，A が，みかんの買受けをあっせんするとの嘘をついて，X から前払代金との名目で現金を受け取り，この現金を自分が Y に対して負う債務の弁済として Y に交付したという事案である。判例は，Y は，A に対する債権の弁済として金銭を受け取ったのだから，Y の金銭取得には法律上の原因があるとして，X の Y に対する不当利得返還請求権の成立を否定している。

騙取金銭事例を，因果関係要件ではなく，「法律上の原因」要件の問題と明確に位置付けたのは，最判昭和 49・9・26 民集 28 巻 6 号 1243 頁〔百選 II-71〕である。事案は複雑であるが，国家公務員 A が，国 Y の金銭（すなわち国庫金）を横領し，このために，Y から B 農業共済組合連合会に交付されるべき国庫負担金が交付されないままとなったことに始まる。横領の発覚を防ぐために A は，X 農業共済組合連合会の経理課長 C と結託し，X 名義で D 銀行から金銭の借入れを受け，その金銭を C を経由して受領した（この借入れは C の無権代理であるが，民法 110 条の表見代理により，X には借入債務の負担という損失が生じている）。A は，この金銭の一部を個人事業に注ぎ込み，その後別途調達した金銭で補塡するなどしたうえで，B の口座に入金した。後に事件が発覚し，A，B，Y の相談の結果，B は振り込まれた金銭を A に返還し，A はこの金銭を Y に交付することで，Y への損害賠償債務を履行した。

その後，X は，C・A を経由して金銭が Y に交付されたことにより，Y が X の損失の上に利得を得たとして不当利得の返還を求めて提訴した。判決では，金銭が利得者に交付されるまでに複雑な経緯がはさまっていたとしても，「社会通念上乙〔損失者＝X〕の金銭で丙〔利得者＝Y〕の利益を図ったと認められるだけの連結がある場合には，なお不当利得の成立に必要な因果関係があるものと解すべき」であるから，「直接の因果関係」は不要だとして，X の損失と Y の利得の間には因果関係があると認めた。そのうえで，利得者が金銭を受領する際に，「悪意又は重大な過失がある場合には，……法律上の原因がなく，不当利得となる」とも判示し，金銭を受け取った際の Y の悪意または重過失を問題としている。

本章で学ぶこと

1. 不法行為の要件
2. 不法行為の効果
3. 特殊不法行為

不法行為

本章では，不法行為について学ぶ。契約（**Chapter Ⅰ**）と違って，当事者の間に合意があるとは限らない。不当利得（**Chapter Ⅱ**）と違って，誰かが不当に利益を得ているという状況とは限らない。それでも，これらと同様，債権・債務が発生しうる。

ある者Yが他の者Xに損害を与えたときに，YがXに対して損害を賠償しなければならないとされることがある。どのような場合にこのような責任が発生するのか，また，その責任の内容はどのようなものなのか。これが，不法行為法で扱う事柄である。

不法行為法は難しいといわれる。民法の条文が簡潔であるため実に様々な考え方が成り立ちうるのが，最大の原因だろう。学説は，具体的論点だけでなく，全体の枠組みをどう組み立てるか，それぞれの概念をどう理解するかといった基本的なレベルから対立する。けれども，忘れてはならないのは，条文が抽象的なだけにいっそう，その内容を具体化するために，判例が重要な役割をはたすことである。不法行為判例は，その時々の社会的背景を映す鏡でもある。判例を知ることで，対立の意味がわかるとともに，不法行為法のダイナミックさ（面白さ）を味わうことができるだろう。

不法行為の一般的な要件（Ⅲ-1）・効果（Ⅲ-2），特殊な規律（Ⅲ-3）の順に見ていく。

Contents

Ⅰ　契約
Ⅱ　不当利得
ここ！　Ⅲ　不法行為

 Chapter III 不法行為

Introduction

Contents
ココ！ III-1 不法行為の要件
III-2 不法行為の効果
III-3 特殊不法行為

不法行為の要件

「709条は不法行為の一般的な要件を定めている」っていうけれど，一体どういう要件が定められているのだろう？

> **709条** 故意又は過失によって他人の権利又は法律上保護される利益を侵害した者は，これによって生じた損害を賠償する責任を負う。

1. 一般不法行為の要件の構造

709条は，4つの要件を挙げている。[*1]①加害者の故意・過失，②他人の権利・利益の侵害，③因果関係の存在，④損害の発生である。これらがみたされれば，不法行為が成立し，その効果（III-2で扱う）が発生するのである。これらをそのまま，大まかな図で表すと，以下のようになる。

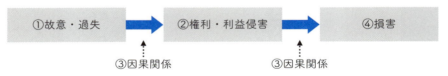

具体的な事例で見てみよう。自転車を運転していたYは，前方不注意で歩行者Xに衝突しケガを負わせた。この場合，①前方不注意のYには過失があり，②Xは身体という権利を侵害された。③Yの過失が原因でXの権利が侵害され，それにより④Xに不利益が生じている。もっとも，それぞれの要件の意味や判断のあり方は，問題となっている加害行為や侵害される権利・利益等によって異なってくる。

一般不法行為の要件全体をどのように組み立て理解するかはとても難しい問題であり（上の図の整理では語り尽くせない），学説の対立が激しい。しかし，学習にあたっては，いきなりそうした議論にのめりこんでしまうと，何が大事なポイントなのかがまったくつかめないだろう。教科書で書かれている学説の議論は，常に判例を意識したものである。そうであるならば，具体的な判例を素材にして考えることが重要であり，本書の各解説はそれに役立つだろう。

2. 一般不法行為の各要件

各要件のポイントに即して，各判例を学ぶ意味を確認しておこう。

---

*1 | その他
ただし，加害者に責任能力（712条・713条）がなかったり，正当防衛や緊急避難（720条）が成立したりする等の場合には，加害者は責任を負わない。
特に重要なのは，責任能力である。これについては，[判例26, 判例27]で扱う。

（1） 故意・過失

加害者に故意がある場合だけでなく，過失があるに過ぎない場合でも責任が生じるという点は，刑事責任と比べた場合の不法行為責任の特徴である。他方，過失がなければ不法行為責任を負わないのだから，過失は，責任が成立する場合を限定する役割もはたす。

では，「過失」とはいったい何を意味するのだろうか。［判例 18］は，この問題についての古典的な判例である。公害判例の先がけともいえるものであり，その後の動向も含めて，過失の構成要素とされる予見可能性と結果回避義務を理解しよう。

過失の判断方法はすべての事件類型で同じわけではなく，事件類型に即した定式化がされることがある。医療過誤における「医療水準」がその例であり，［判例 19］は，それをどう確定するかを扱うものである。

（2） 権利・利益侵害

不法行為が成立するには，故意・過失によって損害が生じるだけでは足りず，「他人の権利又は法律上保護される利益」が侵害されることが必要である。わが国の不法行為法の特徴ともいえるこの要件は，特に重要な役割を果たしてきた。

709 条は，当初「権利」の侵害を要求していた。［判例 20］は，「権利」の意味を広く解することで不法行為の成立範囲を広げ，不法行為法上保護される利益を拡大する足場を築いた重要判決である。現在の 709 条の文言の元ともなっている。

不法行為法は，どのような「利益」をどのようなかたちで保護するのだろうか。［判例 21］は，「良好な景観の恵沢を享受する利益」（景観利益）について最高裁が判断を示したものである。保護法益の拡大は認めつつ，法益の性質に応じて合理的な限定を加えようとする判例の態度がよく示されている。なお，〔もう一歩先へ〕では，より古典的な名誉毀損を取り上げる。

（3） 因果関係

709 条は，故意・過失によって権利・利益侵害が生じたこと，及び，権利・利益侵害によって損害が生じたことという，2 つの因果関係を問題としているが，これらを区別しない学説も多い。いずれにせよ重要なのは「因果関係」の意味である。いわゆる「相当因果関係」の問題については，Ⅲ-2［判例 24］で扱う。

因果関係を，単に「故意・過失を原因として損害という結果が生じた」という関係（事実的因果関係）として理解するにしても，それをどのようにして証明するかは難しい問題である。［判例 22］は，この点に関する基本判例である。

（4） 損害

「損害が生じた」というのはどのようなことか。伝統的な学説は，「損害」を利益状態の差と捉える見解（差額説）を主張し，判例も基本的にこれに従っている。しかし，たとえば，交通事故で負傷した者の収入が，本人の努力や周りの協力で減らなかった場合には，「（財産的）損害なし」ということになるのだろうか。この問題を扱う［判例 23］は，要件としての「損害」の意味を考えさせる。

＊2 │ 故意

結果の発生を認容しつつあえて行為するという心理状態をいう。
故意の場合も過失の場合も損害賠償という効果は変わらず（ただし，賠償範囲が異なるとする見解はある），また故意の不法行為は過失の不法行為よりも件数が少ないため，過失よりも議論が少ない（ただし，故意の場合にのみ成立するとされる不法行為〔債権侵害等〕もある）。

18	過失①──過失の意義	大阪アルカリ事件

大審院大正5年12月22日判決（民録22輯2474頁） ▶百選Ⅱ-74

事案をみてみよう

Y社（大阪アルカリ株式会社）は，大阪市西区の安治川河口沿いの工場で，硫酸・肥料の製造，銅の精錬などを行っていた。工場の南西約2町（約220m）の農地の地主・小作人であるXら（36名）は，工場が噴出する亜硫酸ガス・硫酸ガスによって農作物に被害が及んだとして，収穫の減少による減収分の損害賠償を請求した。

控訴審は，Yが農作物への被害を知らないとすれば，製造などの作業により生じる結果に対する調査研究を不当に怠ったといえるので，農作物を害した以上は，硫煙の遁逃を防止できたか否かを問わず，Yには過失があると認められるとした。

✓ 読み解きポイント

民法709条の要件である「過失」は，どのように判断されるのだろうか。

判決文を読んでみよう

「化学工業に従事する会社其他の者が其目的たる事業に因りて生ずることあるべき損害を予防するが為め右事業の性質に従ひ相当なる設備を施したる以上は偶他人に損害を被らしめたるも之を以て不法行為者として其損害賠償の責に任ぜしむることを得ざるものとす。何となれば斯る場合に在りては右工業に従事する者に民法第709条に所謂故意又は過失ありと云ふことを得ざればなり[*1]。」と述べて，Yにおいて，硫煙を防止するために相当な設備を施したかどうかを審理せずに，漫然とYを不法行為者と断じた原判決は破棄を免れないとした。

*1 | 現代語訳
化学工業に従事する会社その他の者がその目的である事業によって生ずることがあり得る損害を予防するため，事業の性質に従い相当な設備を施した以上は，たまたま他人に損害を被らせたとしても，不法行為者として損害賠償責任を負うことはない。なぜなら，このような場合，709条の故意または過失があるとは言えないからである。

⇩ この判決が示したこと ⇩

控訴審は，ガスの流出による損害発生を知らなかった不注意（損害発生を予見するための調査研究の懈怠）をもって過失があるとした。これに対し，本判決は，加害者が，損害を予防するため，事業の性質に従い相当な設備を施していた場合には，民法709条の要件である過失は認められないと述べ，過失の有無は，予見可能性ではなく，終局的には，結果を回避する義務を尽くしていたかどうかで判断されることを示した。

解説

I. 過失の意義

過失とは,「結果発生の予見可能性があるにもかかわらず,結果を回避する行為義務に違反すること」と理解されている。過失とは,意思の緊張の欠如という行為者の心理状態を指すのではなく,行為者に課せられる行為義務の違反を意味する。予見できない結果に回避義務を課すことはできないため,結果回避義務の論理的前提として予見可能性が必要となる。

そして,結果回避のため,どこまでの行動をすべきかについては,侵害される利益の重大性および結果発生の蓋然性(確実性の程度)と,結果回避のための行為義務を課すことによって犠牲となる利益との比較によって判断するという見解が有力である。[*2] たとえば,車を運転すれば交通事故によって人を死傷させる可能性がある。しかし,車の社会的有用性と比較して検討すれば,人々に車利用を禁止する義務を課すのではなく,事故を起こさないよう注意を払って自動車の運転をする義務を課すにとどまることになる。

II. 公害事件と注意義務の内容

1 ▸▸ 本判決の判断

本判決は,損害発生の予見可能性を前提としたうえで,結果回避義務の内容として,「相当なる設備」を施したかどうかを問題とすべきとした。

そして,本判決の差戻審においては,高煙突などの設置によって被害の防止が可能であったことから,被告は相当なる設備を施したとはいえないとして,不法行為責任が肯定された。

結果として,不法行為責任が肯定されたものの,相当な設備を施していれば過失はないという考え方は,過失が肯定されるケースを限定的なものにする可能性があるとして批判された。

2 ▸▸ 1960 年代以降の公害訴訟判決

公害が社会問題化するに伴い,化学工場の操業など危険を伴う活動において,企業[*3]に課せられる注意義務の内容も高度化していった。

まず,予見可能性に関し,可能な調査義務(予見義務)が活動者には課せられ,調査をしていれば,結果発生が予見可能となった場合にも,予見可能性が肯定されてよいと考えられるようになる(熊本地判昭和 48・3・20 判時 696 号 15 頁)。

また,結果回避義務の内容についても,最高技術の設備をもってしても人の生命,身体に危害が及ぶおそれがある場合には,企業の操業短縮はもちろん操業停止まで要請されることもあると述べる判決も登場した(新潟地判昭和 46・9・29 下民 22 巻 9 = 10 号1頁)。場合によっては,操業停止が結果回避義務の内容とされることもあるのである。

なお,全面禁止が難しい危険性の高い事業活動によって人の生命や身体に侵害が生じる場合については,加害者の故意・過失を要件としない無過失責任立法が制定されている領域もある(大気汚染防止法,原子力損害の賠償に関する法律など)。

---

*2 | ハンドの公式

アメリカ法の議論を参考にした基準である。「被侵害利益の重大性(Loss)×結果発生の蓋然性(Probability)>行為義務を課すことにより犠牲となる利益(Burden)」という定式で表される。

*3 | 四大公害訴訟

イタイイタイ病訴訟,新潟水俣病訴訟,四日市公害訴訟,熊本水俣病訴訟のことであり,深刻かつ大規模な公害被害の救済を求めたものとして四大公害訴訟と呼ばれる。いずれも,1970年代に判決が示されている。

19

過失②──診療契約に基づき医療機関に要求される医療水準

姫路日赤未熟児網膜症事件

最高裁平成7年6月9日判決（民集49巻6号1499頁）　▶百選Ⅱ-75

 事案をみてみよう

　Xは，昭和49（1974）年12月，兵庫県姫路市内の病院で未熟児として出生し，その日のうちに同じ市内にあるYの設営するA病院に転医され，同病院に入院した。Xは，昭和50（1975）年2月に退院するまでの間，担当医師による酸素投与または酸素吸入の措置を受けた。この間，Xは，A病院の眼科医による眼底検査を受けたが異常なしと診断されていた。しかし，退院後である昭和50年4月の検査で異常の疑いありと診断され，同月16日にB病院（県立こども病院）で，両眼とも未熟児網膜症が相当に進んだ状態であるとの診断を受けた。昭和51年の提訴当時，Xの視力は，両眼とも0.06であった。

　未熟児網膜症は，未熟児の網膜血管の発達が未熟であるところに，酸素投与などが引き金となって発症する疾病であり，最悪の場合には，網膜剥離から失明に至る。その治療法である光凝固法は，昭和42（1967）年の日本臨床眼科学会で，成功例がはじめて報告されていた。厚生省（現在の厚生労働省）は，昭和49年になって，本症の診断と治療に関する統一的基準を定めることを主たる目的として，研究班を組織していたが，この研究班が診断基準を作成したのが昭和50年3月，その報告が医学雑誌に掲載されたのは同年8月であった。

　他方で，A病院では，未熟児網膜症を意識して，眼底検査を行い，本症が発見された場合には，患者を光凝固法を行う設備のあるB病院に転医する措置をとっていた。ただし，眼底検査にあたる眼科医は，未熟児の眼底検査や本症の診断にあまり経験がなく，そのための特別の修練も受けていなかった。

　Xは，A病院の担当医師らが適切な眼底検査や光凝固法による治療を行わず，またこれらを行うことのできる病院へ転医することもなかったことは，A病院を設営するYが診療契約上負う債務の不履行を構成するとして，慰謝料の支払を求めて提訴した。これに対してYは，光凝固法は，当時はまだ治療法として確立しておらず，医療機関（あるいはそこに勤める医師）に要求される医療水準を構成していなかったことから，Yには債務不履行はないと反論している。*2

---

*1 ｜ **未熟児網膜症と光凝固法**

未熟児は肺機能が未熟であるため酸素を投与する措置がとられるが，こうした酸素投与が未熟な網膜血管の異常発達の引き金になることがある。日本では，未熟児に対する酸素投与が行われるようになったことで本症の発生が増加しているとの指摘が昭和39年に発表されている。光凝固法は，異常発達した網膜血管に強い光（現在ではレーザー）を瞬間的に当てて患部を凝固させ，網膜症の進行を止めるものである。昭和20年代にドイツにおいて網膜剥離の治療法として開発され，その後，糖尿病性網膜症の治療に応用されていた。

☑ **読み解きポイント**

　新しい治療法が普及する途上にあり，まだ全国で統一的な治療の指針が発表されていない時期において，この新しい治療法もまた医療機関にとっての医療水準

となり，医療機関は，この新しい治療法を考慮に入れて治療を行い，あるいはこの新しい治療法を実施している医療機関への転医を行う義務を負うことがあるか。

📖 判決文を読んでみよう

「ある新規の治療法の存在を前提にして検査・診断・治療等に当たることが診療契約に基づき医療機関に要求される医療水準であるかどうかを決するについては，当該医療機関の性格，所在地域の医療環境の特性等の諸般の事情を考慮すべきであり，右の事情を捨象して，すべての医療機関について診療契約に基づき要求される医療水準を一律に解するのは相当でない。そして，新規の治療法に関する知見が当該医療機関と類似の特性を備えた医療機関に相当程度普及しており，当該医療機関において右知見を有することを期待することが相当と認められる場合には，特段の事情が存しない限り，右知見は右医療機関にとっての医療水準であるというべきである。」

「A病院の医療機関としての性格，XがA病院の診療を受けた昭和49年12月中旬ないし昭和50年4月上旬の兵庫県及びその周辺の各種医療機関における光凝固法に関する知見の普及の程度等の諸般の事情について十分に検討することなくしては，本件診療契約に基づきA病院に要求される医療水準を判断することができない筋合いであるのに，光凝固法の治療基準について一応の統一的な指針が得られたのが厚生省研究班の報告が医学雑誌に掲載された同年8月以降であるというだけで，XがA病院の診療を受けた当時において光凝固法は有効な治療法として確立されておらず，A病院を設営するYに当時の医療水準を前提とした注意義務違反があるとはいえないとした原審の判断には，診療契約に基づき医療機関に要求される医療水準についての解釈適用を誤った違法があるものというべきであ」る。

これに基づいて最高裁は，控訴審判決を破棄し，Yの義務違反についてさらに審理を尽くさせるため，事件を高裁に差し戻した。

> ⬇ **この判決が示したこと** ⬇
>
> 医療機関の負う注意義務の基準となる医療水準について，全国一律のものと解するのは相当ではなく，当該医療機関の性格や所在地域の医療環境の特性等の諸般の事情を考慮して判断するべきであるとした。

 解説

I. 医師・医療機関の負う責任

1 ▸▸ 債務不履行構成と不法行為構成

患者が医療事故をめぐる医師の責任を追及する場合には，①医師と患者の間の診療契約に基づいて医師が負う義務に違反した債務不履行責任（415条）と，②医師が過失によって患者の生命・身体・健康に対する権利を侵害したことに基づく不法行為責

---

*2 | **本判決を不法行為における過失の問題として紹介する理由**

本件では，治療に当たった医師自身の責任ではなく，医師を雇用している医療機関の責任が問題となっており，責任の根拠も債務不履行（診療契約上の義務に対する違反）に求められている。しかし，本書では不法行為における過失に関する判例として取り上げている。これは，〔解説〕I.で後述する通り，医師の責任か医療機関の責任か，そしてそれを債務不履行責任として追及するか不法行為責任として追及するか，そうした構成の違いにもかかわらず，問題となるのは医師として従うべき「医療水準」がどのようなものかということであること，そしてこの問題が，伝統的には不法行為の要件としての過失の問題として論じられてきたことが理由である。

*3 | **診療契約と民法上の契約類型**

診療契約は，一般に法律行為でない事務の委託を内容とするとして準委任契約（656条）にあたると解されており，委任契約に関する643条以下が準用される。このため，医師は644条の定める「善良な管理者の注意」をもって診療を行う義務を負う。

*4 | 最判昭和 36・2・16 民集 15 巻 2 号 244 頁（東大梅毒事件）

適切な問診を行わなかったために，給血者が性感染症の一種である梅毒に罹患していることを見逃し，この者の血液を輸血された患者が梅毒に感染したという事件で，医師の不法行為責任（実際にはその雇用主である国の使用者責任）を認めた事件である。

*5 | 最判昭和 57・3・30 判時 1039 号 66 頁（未熟児網膜症高山日赤事件）

本件と同様に，未熟児網膜症に罹患した未熟児が原告となった事件であるが，この高山日赤事件の原告の出生は，本件の原告より5年早い昭和44(1969)年12月であった。判決では，治療が行われた昭和45年当時，光凝固法は「先駆的研究家の間で漸く実験的に試みられ始めたという状況」であったとして，医師の過失を否定した。

*6 | 最判平成 8・1・23 民集 50 巻 1 号 1 頁

麻酔剤の添付文書（能書）には2分おきに血圧を測定するように注意書きがあったにもかかわらず，医師が，当時開業医の間で一般的であった5分おきの測定しか行わなかったため，患者のショック症状に気づくのが遅れ，患者に重篤な後遺症が残ったという事件である。判決は，「医療慣行に従った医療行為を行ったというだけでは，医療機関に要求される医療水準に基づいた注意義務を尽くしたものということはできない」として，医師の過失を認めた。

任（709条）の2通りの法的構成が考えられる。①の構成では，善管注意義務（644条）の内容が，②の構成では，過失の前提となる注意義務の内容が問題となる（〔→判例 **18**〕〔p.72〕参照）。もっとも判例は，2つの構成で医師の負う注意義務の内容を特に区別していない。

2 ▶▶ 医師の行為と医療機関の責任の関係

また，本件では，A病院に勤務する医師の行為を理由に，A病院を設営し医師を雇用している法人Yの責任が問われている。このような勤務医の行為とその雇用者である医療機関の責任の関係は，次のように説明される。

①債務不履行構成の場合，診療契約は医療機関と患者の間で締結されており，医師は医療機関の履行補助者と位置付けられる。医療機関が診療契約上の義務を果たしたか否かは，履行補助者である医師が，医療機関の負う義務内容に適した治療を行ったか否かで定まる。

②不法行為構成の場合，医師の過失により患者の権利が侵害されることで，第一次的に不法行為責任を負うのは医師である。医療機関は，その雇用者として715条の定める使用者責任を負う。

Ⅱ．医師の負う注意義務

以上を通してみると，いずれの構成をとるにしろ，医療機関に責任が生じるか否かは，治療にあたる医師が注意義務を尽くしたといえるか否かによって定めることとなる。そこで，医師の負う注意義務の内容について，本判決以前の判例を整理しておこう。

まず，初期の判例では，医師の負う注意義務について「いやしくも人の生命及び健康を管理すべき業務（医業）に従事する者は，その業務の性質に照し，危険防止のために実験上必要とされる最善の注意義務を要求される」と表現したものがある。医療行為は患者の生命・身体・健康という重大な利益を左右しうるものであり，医師はそのために専門的な知識と技術を身につけているのだから，注意義務の水準は高く設定されるべきことを示したものである。

しかし，「最善の注意義務」といっても，もちろん限界がある。医師に，あらゆる病気について先駆的な研究の成果もすべて応用して治療にあたるよう義務付けるというのは，あまりにも非現実的である。このため後の判例は，「最善の注意義務」とは，「診療当時のいわゆる臨床医学の実践における医療水準」を基準にして判断するべきとの定式を示している。

この「医療水準」というのは「行われるべき医療の水準」であって，「実際に医師の間で行われている医療（医療慣行）」とは異なる。したがって，医師が，医療慣行に従った治療を行っていたとしても，それが医療水準に照らして不適切な治療であることも起こりうる。その場合に，医師は，医療慣行に従っていたということだけで責任を免れることはない。

Ⅲ. 医療水準はすべての医療機関について一律か

　では，医療水準はどのように確定されるのか。もちろん，治療法の確立したような病気であれば，その診療にあたって医師の従うべき医療水準を確定することは難しくない。問題となるのは本件のように，治療法が発見され，検証され，普及する途上にある段階で，この治療法を実施する（あるいは治療法について説明したり，この治療法を実施できる他の病院への転医をしたりする）ことが，医療水準の内容に含まれるかである。

　本件の控訴審は，光凝固法による治療基準について一応の統一的な指針が得られたのは厚生省研究班の報告が医学雑誌に掲載された昭和50年8月以降であったのだから，医師に光凝固法の存在を前提にした医療水準を要求することはできないとして，医師の過失を否定した。

　これに対して本判決は，医療水準をすべての医療機関について一律のものと解することは相当ではなく，医療機関の性格，所在地域の医療環境の特性等の諸般の事情を考慮すべきだとした。その理由について，判例は，「新規の治療法が普及するには一定の時間を要し，医療機関の性格，その所在する地域の医療環境の特性，医師の専門分野等によってその普及に要する時間に差異があ……るのが通例であ」るからと説明している。

Ⅳ. 本判決のとる結論

　これを前提に，最高裁は，厚生省研究班の報告が医学雑誌に掲載される前であったというだけの理由で，A病院（に勤務する医師）に光凝固法の存在を前提にした医療水準を要求できないとした控訴審判決は維持できないとした。

　そして，本件においてA病院に要求される医療水準を判断するためには，「A病院の医療機関としての性格，XがA病院の診療を受けた昭和49年12月中旬ないし昭和50年4月上旬の兵庫県及びその周辺の各種医療機関における光凝固法に関する知見の普及の程度等の諸般の事情について十分に検討すること」が必要であるとして，審理を高裁に差し戻している。[*7]

　その際，最高裁は，B病院に要求される医療水準を判断するのに影響を与える事実として，①光凝固法について，すでに昭和46年頃から各地の研究者によって追試が行われ，治療の有効性があるとの報告があり，昭和49年には，そうした研究成果を整理して診断基準を定めようと厚生省が研究班を組織し，昭和50年3月には研究班報告として一応の診断基準が示されたこと，②A病院では，昭和48年10月頃から，光凝固法の存在を知っていた医師が中心になって，未熟児網膜症の発見と治療を意識した体制をとり，本症の発生が疑われる場合には，光凝固法を実施することのできるB病院への転医を行っていたこと，さらに③A病院は，昭和49年には，他の医療機関で出生した新生児を引き受けてその診療をする「新生児センター」を小児科に開設していたことを指摘している。

＊7｜差戻後の経過

差戻後控訴審では，光凝固法の存在を前提に診療を行うことが医療水準となっていたとして医師の過失が認められ，Yは損害賠償責任を負うものと判示された（大阪高判平成9・12・4判時1637号34頁）。その後Yのした上告は棄却され，判決が確定している（最判平成10・12・17判例集未登載）。

20 権利・利益侵害①——保護法益の拡大　大学湯事件

大審院大正14年11月28日判決（民集4巻670頁）

事案をみてみよう [*1]

　Aは，京都市の大学近辺にある風呂屋の建物（甲）をY₁から賃借した。その際，Aは，Y₁から「大学湯」という老舗を買い取り，それ以降，「大学湯」という名称で風呂屋を営んだ。その後，XがAを相続した。しばらく経ったのち，XとY₁の間で上記賃貸借契約は合意解除されたが，Y₁が甲の新たな賃借人Y₂に「大学湯」の名称を使わせたため，Xはその後「大学湯」を営むことができなくなった。Xは，Y₁およびY₂に対し，老舗の侵害により経済的損害を被ったとして，不法行為に基づく損害賠償を請求した。原審は，老舗は709条にいう「権利」ではないとして，請求をしりぞけた。[*2]

✓ 読み解きポイント

　Xは，「大学湯」の営業ができなくなったという「老舗」の侵害を理由として損害賠償を請求しているが，このような利益の侵害について不法行為は成立するのだろうか。いかなる利益の侵害があれば，不法行為は成立するだろうか。

判決文を読んでみよう [*3]

　「不法なる行為とは，法規の命ずるところ若は禁ずるところに違反する行為を云ふ。斯る行為に因りて生じたる悪結果は，能ふ限り之を除去せざるべからず。……不法行為とは，……法規違反の行為より生じたる悪結果を除去する為，被害者に損害賠償請求権を与ふることが，吾人の法律観念に照して必要なりと思惟せらるる場合を云ふものに外ならず。……其の侵害の対象は，或は夫の所有権，地上権，債権，無体財産権，名誉権等，所謂一の具体的権利なることあるべく，或は此と同一程度の厳密なる意味に於ては未だ目するに権利を以てすべからざるも，而も法律上保護せらるる一の利益なることあるべく，否，詳く云はば，吾人の法律観念上，其の侵害に対し不法行為に基く救済を与ふることを必要とすと思惟する一の利益なることあるべし。……原判決は，老舗なるものは権利に非ざるを以て，其の性質上不法行為に因る侵害の対象たるを得ざるものなりと為せし点に於て誤れり。」

欄外注

*1｜本件の事案

　詳細は明らかではない。本文の記載は，Xの主張をもとにしたものである。

*2｜Xの請求

　Xは，Y₁に対し，債務不履行に基づく損害賠償請求もした。AとY₁の間の賃貸借契約では，賃貸借終了の際にAが「大学湯」の老舗を買い取るか，Aが他の者にこれを売却することができるという特約があったのに，Y₁はこれを守らなかったというのである。もっとも，原審は，こうした特約として請求をしりぞけ，本判決でも取り上げられなかった。

*3｜現代語訳

　不法な行為とは，法規が命じること又は禁じることに違反する行為をいう。そのような行為によって生じた悪結果は，可能な限り除去しなければならない。……不法行為とは，……法規違反の行為から生じた悪結果を除去するために，被害者に損害賠償請求権を与えるのが，われわれの法律観念に照らして必要であると考えられる場合をいうものにほかならない。……その侵害の対象は，所有権，地上権，債権，無体財産権，名誉権等，いわゆる具体的権利であることもあるが，これと同じ程度の厳密な意味においては

> **⇩ この判決が示したこと ⇩**
>
> 不法行為が成立するためには，法律上「権利」として規定されているもの（具体的権利）が侵害されている必要はなく，不法行為法上の保護に値する利益の侵害があればよいとした。

解説

Ⅰ．本判決の中心的意義──保護法益の拡大

　明治29（1896）年に成立した民法において，709条は，一般不法行為が成立するには，単に被害者に損害が生じただけでなく，被害者の「権利」が侵害されることが必要であると規定した。起草者は，権利侵害を要求することで，責任が認められる場合を限定しようと考えたのである。もっとも，問題は，「権利」が何を意味するかである。本判決以前の大審院判例の中には，「権利」というのは民法その他の具体的な法律が「権利」として規定するもの（具体的権利）のことであるという前提に立って，その意味での権利侵害がない場合に被害者の請求をしりぞける判決があった。*4

　こうした考え方によると，本件でも，不法行為は成立しなそうである。Ｘが侵害されたと主張している「老舗」というのは，ある営業を長年続けることによって築きあげられてきた顧客からの信用のことであろう。他人に「大学湯」という名称を譲ることで，譲り受けた者はその「老舗」を引きつぐことができ，前にその名称を使っていた者と同じように収益を挙げることができる。ところが，こうした老舗そのものを「権利」として明確に規定する法律はない。「権利」が具体的権利を意味するのであれば，Ｘの請求はいかなる事情があっても認められないことになる。こうした結論は，硬直的過ぎるだろう。

　本判決は，709条にいう「権利」は具体的権利に限定されず，「法律上保護される利益」であればよいとして，「老舗は権利ではないから不法行為は成立しない」とした原判決を破棄した。709条にいう「権利」の意味を広く捉えることで，以前の判例よりも，不法行為が成立する場合を広げたのである。ただし，「法律上保護される利益」といっても，その利益を保護する具体的な法律がなければならないという意味ではないことに注意しよう。本判決が言い換えているように，「われわれの法律観念上，その侵害に対し不法行為に基づく救済を与える必要があると考えられる利益」であればよいのである。本判決の考え方は，平成16（2004）年に民法が現代語化された際，709条の文言に明確に反映されることとなり，現在の709条は，「権利又は法律上保護される利益」の侵害があればよいというように改められた。

　以上のように，本判決は，不法行為法上保護される利益（保護法益）の拡大を実現した。このことの意味は非常に大きい。民法制定時には想定されていなかった，あるいは既存の法律上「○○権」というかたちで定められていない，しかし人々が社会の進展に応じて重要であると考えるに至る新たな法益の侵害について，不法行為法による救済の道が開かれたのである。もっとも，本判決の意義はこれにとどまらない。な*5

未だ権利と目すべきでないが法律上保護される利益であることもある，いや，詳しくいえば，われわれの法律観念上，その侵害に対し不法行為に基づく救済を与える必要があると考えられる利益であることもある。……原判決は，老舗は権利でないということから，その性質上不法行為による侵害の対象となりえないとした点において誤っている。

*4｜桃中軒雲右衛門事件

有名なのが，桃中軒雲右衛門事件（大判大正3・7・4刑録20輯1360頁）であり，浪花節のレコードを複製した者に対しレコード製作者が損害賠償を請求したという事案（刑事事件の付帯私訴）に関するものである。大審院は，瞬間創作である浪花節は著作権法の保護の対象にならないという判断を前提に，著作権が認められない以上，「権利」侵害がないとして損害賠償請求をしりぞけた。

*5｜新たな法益

民法の規定からは，「身体」「自由」「名誉」「財産権」といった古典的な法益を起草者は思い浮かべていたことがうかがえるが（710条参照），これらに限定する意図は見出されない。実際，プライバシー権・氏名権・肖像権といった人格権や，契約上の利益（債権侵害），契約締結への期待，営業利益，生活利益（生活妨害）等，民法制定後の判例上，その侵害について不法行為の成立が認められた法益は，数多い。

お２つの観点から，わが国の不法行為法の根本的な部分に，問題を投げかけ続けている。

Ⅱ．本判決が提起する問題（その１）── 法益保護のあり方

　ある利益の侵害について不法行為が成立しうるとして，一体いかなる具体的場合に責任が生じるのか。本判決は，「老舗」も不法行為法上の保護に値する利益だとは述べたが，いかなる具体的場合に「老舗」の侵害による責任が生じるのかについては，判断していない。しかし，起草者が心配したように，責任が無限定に広がってはいけない。保護法益が広げられたからには，「責任が成立する場合をどのようにして合理的な範囲におさめるか」が明らかにされなければならないのである。

　本判決を受け，当時の有力な学説は，それまで要件とされてきた「権利侵害」は，実は責任の成立を判断する際の１つの手がかりに過ぎないのであって，重要なのは「違法性」の有無であるとする考え方を示した（違法性理論）[*6]。そのうえで，侵害された利益の種類に応じて，加害者のどのような行為であれば責任が生じるかが変わる（「違法性」というのは，①侵害された利益と②加害行為の態様を関連させて判断する要件である）というかたちで具体化を試みた（相関関係説）[*7]。本判決をきっかけとして，従来の「権利侵害」に代えて，責任が成立する場合を合理的に画するための「違法性」という要件が開発されたのである。

　問題はさらに続く。709 条は「過失」をも要件として挙げているのだから，「違法性」で加害行為の態様を考えるのは重複ではないか。また，たしかに判例も「違法性」という言葉を使うが，それは限られた場合に過ぎないのではないか。このような様々な考慮のもと，一般不法行為の要件をどのように組み立てるかについて，学説上なお議論が続いている。「不法行為法学の混迷」といわれることすらあり，学習するのは大変だが，そこには，保護される法益は柔軟に広げつつ，責任の成立を合理的な範囲に収めようという正当な問題意識があることを忘れるべきではない。

Ⅲ．本判決が提起する問題（その２）── 法益保護の枠付け

　本判決は，保護法益を広げる方向にだけ働くわけではない。本判決（そしてまた本判決を明文化した現在の 709 条）は，「法律上保護される利益」の侵害が必要であるとしており，問題となっている利益が「法的保護に値するか否か」を問わなければならないことを示している。いかに原告が「自分の利益が侵害された」と主張しても，それが法的保護に値しない場合には，そもそも救済を得られないのである。

　人々の権利意識の高まりとともに，訴訟で様々な「利益」が主張されるにつれ，法的に保護されないとされる「利益」も現れてきている。「静謐な宗教的環境の下で信仰生活を送るべき利益」（最大判昭和 63・6・1 民集 42 巻 5 号 277 頁），「（差別用語等を含む）政見をそのまま放送される……権利」（最判平成 2・4・17 民集 44 巻 3 号 547 頁），物のパブリシティ権（最判平成 16・2・13 民集 58 巻 2 号 311 頁）等が挙げられる。理由付け等の判断内容は様々であって一般化するのは適当ではないが，いずれにせよ，権利・利益侵害という要件が，「そもそも不法行為法上の保護を与えてよいか」という第 1

[*6] 本判決と「違法性」

違法性理論は，本判決のいう「法規違反」こそが「違法性」であるとする。ここでも，「法規」というのは具体的な法律のことではない（法秩序全体という広い意味である）ことに注意しよう。

[*7] 相関関係説

相関関係説の具体的内容については，〔判例**21**〕の〔解説〕（p. 84）を参照。

段階の判断において機能していることが読みとれる。

　もっとも，「この利益はおよそ法的に保護されない」という判断は，救済を完全に閉ざしてしまう思い切った解決である。判例は，時として「違法性」の概念をも用いつつ，その利益がいかなる場合も保護されるとはいえないが，加害行為の態様等によっては不法行為が成立しうるとすることも多い（最判昭和63・2・16民集42巻2号27頁〔氏名を正確に呼称される利益〕，最判平成18・3・30民集60巻3号948頁・百選II-79〔良好な景観の恵沢を享受する利益〔→判例**21**〕〕，最判平成20・6・12民集62巻6号1656頁〔取材対象者の放送内容・方法に対する期待・信頼〕等）。法益保護の枠付けをどう行うかが，もう1つの重要な課題となっているのである。

21 権利・利益侵害②
――景観利益の保護のあり方

国立マンション事件

最高裁平成18年3月30日判決（民集60巻3号948頁）　　▶百選Ⅱ-79

事案をみてみよう

　東京都国立市の大学通りは，駅ロータリーから南にまっすぐ延びる幅約44m長さ1.2km，桜や銀杏が連なる並木道である。一橋大学のキャンパスより南に位置する地域は，建築物の高さを10mまでに制限する行政法規があった。大学通りは低い建物と街路樹とが高さにおいて連続性を有し調和のとれた景観を呈していた。昔から，景観を守るための市民運動が展開されてきた地域である。本件土地は，大学通りの南端に位置し，高さ制限の規制から外れていた。Yは，本件土地を取得し，14階建て高さ43.65mの大型高層分譲マンション（本件建物）の建設を計画した。Yの工事着工後に，建築物の高さを20m以下に制限する条例が公布された。しかし，すでに工事中であるとして，本件土地にこの条例による規制は及ばなかった。

　周辺住民であるXらは，景観権または景観利益を違法に侵害されるとして，将来も続く侵害をやめてもらうため，本件建物建築の差止め（完成後は高さ20mを超える部分の撤去）などを求めて訴えを提起した。

　第一審は，近隣土地所有者らの景観利益を，Yは違法に侵害したとして，本件建物の20mを超える部分の撤去を命じた。控訴審は，個人に景観権や景観利益の帰属を認めることはできないとして，Xらの請求を棄却した。Xらが上告をした。

> **✓ 読み解きポイント**
>
> 　大学通りの周辺住民であるXらは，良好な景観を損なうYの建物建築行為が，Xらの利益に対する違法な侵害行為となるとして訴訟を提起した。
> ① そもそも，美しい街並みといった景観について，個人が主張できるような私的な権利・利益は認められるだろうか。
> ② 個人に法律上保護される景観利益が認められるとしても，どのような場合に，709条の不法行為の成立を認めるべきだろうか。

📖 判決文を読んでみよう

（1）「都市の景観は，良好な風景として，人々の歴史的又は文化的環境を形作り，豊かな生活環境を構成する場合には，客観的価値を有するものというべきである。」

「良好な景観に近接する地域内に居住し，その恵沢を日常的に享受している者は，良好な景観が有する客観的な価値の侵害に対して密接な利害関係を有するものというべきであり，これらの者が有する良好な景観の恵沢を享受する利益（以下「景観利益」という。）は，法律上保護に値する」。「もっとも，この景観利益の内容は，景観の性質，態様等によって異なり得るものであるし，社会の変化に伴って変化する可能性のあるものでもあるところ，現時点においては，私法上の権利といい得るような明確な実体を有するものとは認められず，景観利益を超えて『景観権』という権利性を有するものを認めることはできない。」

(2) 「民法上の不法行為は，……法律上保護される利益が侵害された場合にも成立し得るものである」（709条）。「建物の建築が第三者に対する関係において景観利益の違法な侵害となるかどうかは，被侵害利益である景観利益の性質と内容，当該景観の所在地の地域環境，侵害行為の態様，程度，侵害の経過等を総合的に考察して判断すべきである。そして，景観利益は，これが侵害された場合に被侵害者の生活妨害や健康被害を生じさせるという性質のものではないこと，景観利益の保護は，一方において当該地域における土地・建物の財産権に制限を加えることとなり，その範囲・内容等をめぐって周辺の住民相互間や財産権者との間で意見の対立が生ずることも予想されるのであるから，景観利益の保護とこれに伴う財産権等の規制は，第一次的には，民主的手続により定められた行政法規や当該地域の条例等によってなされることが予定されているものということができることなどからすれば，ある行為が景観利益に対する違法な侵害に当たるといえるためには，少なくとも，その侵害行為が刑罰法規や行政法規の規制に違反するものであったり，公序良俗違反や権利の濫用に該当するものであるなど，侵害行為の態様や程度の面において社会的に容認された行為としての相当性を欠くことが求められる」。

> **⬇ この判決が示したこと ⬇**
>
> 良好な景観のめぐみを享受するという景観利益は，709条の法律上保護される利益として，良好な景観に近接する地域内に居住し，その恵沢を日常的に享受している者に認められるとした。もっとも，景観利益に対する違法な侵害行為にあたるとして不法行為が成立するには，その行為が刑罰法規や行政法規の規制に違反しているか，または公序良俗違反や権利の濫用に該当するなど社会的相当性を欠くことが必要であるとした。

解説

Ⅰ．景観利益は不法行為法上の保護法益か

709条の不法行為責任の成立要件は，①加害者の故意・過失，②他人の権利・利益の侵害，③因果関係の存在，④損害の発生である。②の権利または法律上保護される利益として，判例は，生命，身体，有形の財産などのほか，名誉（→〔もう一歩先へ〕〔p. 90〕参照）・プライバシーや快適な生活を享受する生活利益など無形の利益も認め

083

てきた。本件では，良好な景観のめぐみを享受する利益が不法行為法上の保護法益といえるかが問題となった。

景観の良否の判断は主観的かつ多様であり，また景観利益が帰属する主体の範囲を決めるのも難しい。そこで，良好な景観には公共的な利益が認められるとしても，個人に帰属するような私的な利益を認めることはできないという考え方があった（控訴審）。また，良好な景観により近隣土地の価値が高まるので，近隣土地の所有者にのみ景観利益を認めるという考え方もあった（第一審）。しかし，本判決は，歴史的・文化的環境，豊かな生活環境を構成する良好な都市景観には客観的価値があり，近接する地域住民は景観利益（景観権とまではいえない）を有するとして，本件Xらの景観利益を認めた。

Ⅱ．景観利益の侵害により不法行為が成立する場合

もっとも，本判決は，「良好な景観を損なう行為＝不法行為の成立」とはしなかった。709条の権利または法律上保護される利益の侵害要件（②）に関し，無形の利益の侵害が問題となるような場合，従来の判例も，侵害される法益の種類・性質と侵害行為の態様を相関的に考慮し[*1]，「違法な」侵害行為といえるかどうかで不法行為の成否を判断する傾向にある（この考え方は相関関係説と呼ばれる）[*2]。本判決も，この枠組みで判断をしている。そのうえで，景観利益の侵害は，加害者の行為が行政法規違反や公序良俗違反などに該当する場合にだけ，違法な侵害行為として不法行為が成立するとした。景観利益は個人に帰属する法益と認められるとしても，公共的な利益の側面が強いことから，行政法規や条例制定による利害調整をまずは重視し，不法行為の成立に慎重な態度を示したといえる。そして，本件のYは行政法規に違反しておらず，公序良俗違反や権利濫用に該当する事情もないとして，不法行為の成立を否定した。

Ⅲ．景観利益侵害に対する差止請求について

不法行為が成立する場合，その効果は，原則として，金銭による損害の賠償となる（722条1項，417条）[*3]。かりに，本件で不法行為の成立が認められていた場合，過去の不法行為によって生じた損害について，709条を根拠にXらの慰謝料請求は認められるであろう。それでは，差止（撤去）請求はどうか。Yの行為を違法と評価した第一審は，金銭賠償の方法では被害者を救済できないとして建物の一部撤去請求を認めていた。しかし，本判決は，景観利益の侵害が差し迫り，または継続する場合，差止請求が認められるか否かについては何も判断していない。差止請求の根拠や請求が認められるための要件については，判例・学説の議論をふまえて考える必要がある。

＊1｜相関関係説

縦軸：侵害される法益の種類性質
横軸：侵害行為の態様

【景観利益のように，権利とまではいえず，侵害されても健康被害が生じないような利益は，侵害行為の非難性が高い場合に，不法行為が成立する】

＊2｜相関関係説と受忍限度論

生活妨害（騒音，ばい煙，日照妨害など）の事例については，相関関係説ではなく，受忍限度論（被害が一般社会生活上受忍すべき程度を超える場合に，違法な侵害行為となるとする判断枠組み）を用いるのが判例の傾向である。本件第一審は受忍限度論を用いていた。しかし，景観利益侵害は侵害される利益に公共性が強いという点で，個人の生活利益が侵害される事例とは区別できる。

＊3｜民法における金銭賠償の例外

金銭賠償以外の救済方法として，民法は，明文としては，名誉回復処分（723条）を定めるだけである。

084

Chapter Ⅰ Ⅲ 不法行為

22

因果関係
——高度の蓋然性の証明

ルンバールショック事件

最高裁昭和50年10月24日判決（民集29巻9号1417頁）　　▶百選Ⅱ-77

事案をみてみよう

　X（当時3歳）は，化膿性髄膜炎のためにA病院に入院し，B医師およびC医師の治療を受けていた。入院直後は一時重篤な状態にも陥ったが，次第にそうした状態も脱し，病状は一貫して軽快しつつあった。ところが，入院から11日後，Bよりルンバール（腰椎穿刺）[*1]の施術を受けた直後に突然の嘔吐とけいれんの発作を起こし，一時呼吸が停止するほどの重篤な状態に陥った。Xは一命をとりとめたものの，知能障害・運動障害等の後遺症が残っている。

　Xは，Xの起こした発作とその後遺症としての障害は，本件ルンバールの実施による脳出血に起因するものであり，その実施にあたってBには過失があったとして，A病院を経営する国（Y）を相手として，損害賠償を求めて提訴した。[*2]

　第一審は，発作と本件ルンバールの実施の間の因果関係を認定しつつ，その施術にあたってBに過失はなかったとして，Xの請求を棄却した。

　これに対して控訴審は，Xの起こした発作（そしてその後遺症としての障害）の原因が，本件ルンバールの実施にあるとは断定できないとして，その因果関係を否定する判断をした。控訴審は，Xの起こした発作が脳出血によるものである可能性を認めつつも，化膿性髄膜炎（またはこれに伴う病変）の再燃によるものであるとの可能性を示す所見があることから，いずれがその原因かは判定しがたいとした。そしてそうした脳出血または化膿性髄膜炎の再燃の原因については，「本件ルンバールの実施（それ自体，もしくは，これに伴う物理的，化学的な刺激）により生じたものではないかとの疑を強くさせる」とは認定しつつも，「そのように判定してしまうについては，なお躊躇せざるをえ」ないとしている。Xが上告した。

☑ 読み解きポイント

　不法行為の要件の一つである因果関係は，どの程度の立証を要するのか。原告の主張と異なる原因が存在する可能性が少しでもあれば，因果関係の存在を証明できなかったことになるのか。

判決文を読んでみよう

　「訴訟上の因果関係の立証は，一点の疑義も許されない自然科学的証明ではなく，経験則に照らして全証拠を総合検討し，特定の事実が特定の結果発生を招来した関係

---

*1｜ルンバール（腰椎穿刺）

髄液の採取や髄腔内への薬品の投与を目的として，腰椎に針を刺すこと。本件では，化膿性髄膜炎の症状をみるための髄液採取と，髄腔内へのペニシリン（抗生物質）投与の目的で，入院直後からルンバールの施術が行われていた。

*2｜国が損害賠償責任を負う根拠

医師の不法行為によって国が損害賠償責任を負う根拠は，民法715条の使用者責任と，国家賠償法1条の国家賠償責任のいずれかであると考えられるが，そのいずれであるかは判然としない（もっともその違いは本件においては重要ではない）。判例集では国家賠償法1条1項が参照条文に掲げられているが，国立病院で行われる治療行為というのは，民間の病院で行われるものとなんら違いがなく，同項の定める「公権力の行使」にあたらないとされている。

085

を是認しうる高度の蓋然性を証明することであり，その判定は，通常人が疑を差し挟まない程度に真実性の確信を持ちうるものであることを必要とし，かつ，それで足りるものである。」

「殊に，本件発作は，Xの病状が一貫して軽快しつつある段階において，本件ルンバール実施後15分ないし20分を経て突然に発生したものであり，他方，化膿性髄膜炎の再燃する蓋然性は通常低いものとされており，当時これが再燃するような特別の事情も認められなかったこと，以上の事実関係を，因果関係に関する前記……に説示した見地にたって総合検討すると，他に特段の事情が認められないかぎり，経験則上本件発作とその後の病変の原因は脳出血であり，これが本件ルンバールに因って発生したものというべく，結局，Xの本件発作及びその後の病変と本件ルンバールとの間に因果関係を肯定するのが相当である。」

そのうえで最高裁は，控訴審は因果関係が存在しないことを理由にXの請求を棄却し，医師の過失について判断していなかったため，この点についてさらに審理を尽くすために，事件を高裁に差し戻すこととした。

> ⇩ **この判決が示したこと** ⇩
>
> 　因果関係の証明は，自然科学の専門家が行うような反証を許さない証明まで求められるのではなく，通常人が疑いを差し挟まない程度に真実性の確信をもちうるものであれば足りるとした。

☝ 解説

I. 因果関係の要件

因果関係の要件は，今日では，「事実的因果関係」の問題と，「損害賠償の範囲」[*3]（伝統的には「相当因果関係」の問題と表現されてきた）の問題に分けるのが一般的になっている。本件で問題となったのは「事実的因果関係」である（「損害賠償の範囲」については〔判例 **24**〕〔p. 92〕を参照）。

事実的因果関係の問題とは，加害者の故意または過失が原因となって被害者の損害が生じているという関係があるかないかという問題である。これはいわゆる「あれなければこれなし」の公式によって判断するものとされており，本件であれば，「B医師が本件ルンバールを実施しなければ，Xの障害（に伴う損害）は生じなかった」といえると判断されれば，因果関係の要件がみたされることとなる。

II. 因果関係の証明

因果関係は，不法行為が成立するための要件の一つであり，訴訟においては，その存在が「証明」されなければならない。この「証明」とは，どこまでの厳格さを要求されるものなのかが問題になったのが本件である。[*4]

科学の世界で「証明」と言えば（「三角形の3つの内角の和が180度であることの証明」などを思い出してもらいたい），他の可能性がありえないことを誰からも反論されないよ

＊3｜「因果関係」の要件

民法709条には「因果関係」という表現は出てこないが，「故意又は過失に『よって』」「これに『よって』生じた損害」という表現で，因果関係が要件となることを示している。

＊4｜「因果関係」の立証の緩和

本判決以前の下級審裁判例においては，とりわけ公害訴訟で，因果関係の立証の緩和を認めたものがある。たとえば，新潟水俣病事件における新潟地判昭和46・9・29判時642号96頁である。同判決は，「科学的解明を要求することは，民事裁判による被害者救済の途を全く閉ざす結果になりかねない」として，被害者側が一定の証明を行えば，因果関係の存在が推定されるという判断を示した。その理論は，「門前理論」と呼ばれている。

さらに四日市ぜんそくに関する津地裁四日市支判昭和47・7・24判時672号30頁は，加害者による有害物質の排出によってその地域でのぜんそくの発症が激増しているということが疫学的に認められることをもって，加害者による有害物質の排出と個々の被害者のぜんそくの発症についても，因果関係を認めることができるとした。「疫学」とは，集団における病気の拡大やその原因を明らかにする学問である。

086

うに論理的に示すことが必要である。本判決の中でこうした「証明」は「自然科学的証明」と呼ばれ、「一点の疑義も許されないもの」すなわち反証が許されないという特徴をもつことが指摘されている。

　かりに訴訟において、こうした意味での「証明」を求めるとすれば、たとえば契約書を提出したくらいでは、契約の成立について「証明」したことにはならないだろう。契約書が偽造されたという論理的な可能性が排除されていない以上、「他の可能性がありえないことを誰からも反論されないように論理的に示した」とはいえないからである。しかし、そのような判断基準では、およそ訴訟という制度が成り立たなくなってしまう。訴訟においては社会常識的に、契約書が提出されたときには、特に偽造を疑わせるような事情がない限り、契約が成立したことの証明があったものとして扱うべきだといえる。本判決ではこのことが、「通常人が疑を差し挟まない程度に真実性の確信を持ちうるものであること」で足りるとの表現で示されている。[*5]

　本件では、判旨に示されているような①Xの発作が、病状が一貫して回復に向かっている中、本件ルンバールの実施直後に起きたものであること、②化膿性髄膜炎の再燃する蓋然性は通常低いものとされていることといった事実のほかに、③ルンバールは食事の前後を避けて行うのが通例とされるのに、本件ルンバールが昼食後20分以内に実施されていることや、④嫌がって泣き叫ぶXを押さえつけたり、穿刺を何度もやり直すなど、実施にあたって手際の悪さがあったこと、⑤その他医学的な観点からも本件ルンバールを実施したことにより脳出血を引き起こした可能性が高いと言えることなどが認定されている。そして、これらの事実を経験則に照らして総合的に検討すれば、Xの起こした発作と本件ルンバールの実施との間に因果関係を認めることができると判示されている。

Ⅲ. 高度の蓋然性

　他方で本判決は、因果関係の証明には、通常人が疑いを差し挟まない程度に真実性の確信を持ちうるものであることが「必要」であるとも述べ、このことを「高度の蓋然性を証明すること」と表現している。言い換えれば、原因となった「可能性がある」という程度では、いまだ因果関係の証明は尽くされたことにならない。これが依然として、損害賠償を求める被害者にとっては重い負担になっているとの指摘がある。

　その後の判決の中では、医師の過失と患者の死亡の間の因果関係を「高度の蓋然性」をもって証明できない場合であっても、なお不法行為責任の成立を認めようとするものが現れている。[*6] もっともそこでは、精神的損害（慰謝料）のみが認められ、逸失利益などの財産的損害の賠償は認められていない。問題は、因果関係の要件にとどまらず、権利侵害（患者のどのような権利が害されたのか）や損害の要件とも関係して複雑になっている。

*5 | 関連判例（最判昭和23・8・5刑集2巻9号1123頁）

刑事事件（窃盗における「領得の意思」の証明が問題となったもの）であるが、訴訟における証明について、「自然科学者の用ひるような実験に基くいわゆる論理的証明ではなくして、いわゆる歴史的証明である。論理的証明は『真実』そのものを目標とするに反し、歴史的証明は『真実の高度な蓋然性』をもって満足する。言いかえれば、通常人なら誰でも疑を差挟まない程度に真実らしいとの確信を得ることで証明ができたとするものである。だから論理的証明に対しては当時の科学の水準において反証というものを容れる余地は存在し得ないが、歴史的証明である訴訟上の証明に対しては通常反証の余地が残されている。」と述べている。

*6 | 関連判例（最判平成12・9・22民集54巻7号2574頁〔百選Ⅱ-78〕）

狭心症の発作で救急外来を訪れた患者が心不全により死亡したという事案について、医師が適切な医療を行っていれば救命できたという高度の蓋然性があるとはいえないとして、医療過誤と死亡との因果関係の存在は証明されていないとした。他方で、適切な医療を行っていれば患者がその死亡の時点においてなお生存していた「相当程度の可能性」があると証明されるときには、不法行為による損害賠償責任が生じるとして、「適切な医療を受ける機会を不当に奪われ、精神的苦痛を被った」ことに対する慰謝料の支払を命じた原判決を維持した。

23 損害——収入の減少がない場合

最高裁昭和56年12月22日判決（民集35巻9号1350頁） ▶百選Ⅱ-91

事案をみてみよう

Xは，Yが運転する自動車に接触され負傷した。約2年10か月にわたる通院治療の結果，Xは，腰に軽度の後遺症が残ったが，機能障害・運動障害はなく，また，今までの仕事がやりづらくなったために勤務先での業務内容を変更することにはなったものの，給与面で特に不利益な扱いは受けなかった。本件交通事故について，XがYに対し損害賠償を請求した。原審は，労働能力喪失そのものを損害として捉えるべきであるとしたうえで，Xは労働能力の2％を喪失し，その喪失期間は事故後7年間であると認定として，34万円余りの財産上の損害の賠償を認めた。

読み解きポイント

人身侵害の被害者に後遺症は残ったものの収入の減少は生じなかった場合，財産上の損害の賠償は認められるだろうか。[*1]

判決文を読んでみよう

(1)「かりに交通事故の被害者が事故に起因する後遺症のために身体的機能の一部を喪失したこと自体を損害と観念することができるとしても，その後遺症の程度が比較的軽微であって，しかも被害者が従事する職業の性質からみて現在又は将来における収入の減少も認められないという場合においては，特段の事情のない限り，労働能力の一部喪失を理由とする財産上の損害を認める余地はないというべきである。」

(2)「Xは，……現状において財産上特段の不利益を蒙っているものとは認め難いというべきであり，それにもかかわらずなお後遺症に起因する労働能力低下に基づく財産上の損害があるというためには，たとえば，事故の前後を通じて収入に変更がないことが本人において労働能力低下による収入の減少を回復すべく特別の努力をしているなど事故以外の要因に基づくものであって，かかる要因がなければ収入の減少を来たしているものと認められる場合とか，労働能力喪失の程度が軽微であっても，本人が現に従事し又は将来従事すべき職業の性質に照らし，特に昇給，昇任，転職等に際して不利益な取扱を受けるおそれがあるものと認められる場合など，後遺症が被害者にもたらす経済的不利益を肯認するに足りる特段の事情の存在を必要とするというべきである。」

---

*1｜損害の種類

損害は，①財産的損害（被害者の財産に生じた不利益）と②非財産的損害（それ以外）に分けられ，①はさらに，(i)積極的損害（現に有している財産を失ったこと）と(ii)消極的損害（将来得ることができた利益を得られなくなったこと。「逸失利益」ともいう）に分けられる。
本判決のいう「財産上の損害」は，①(ii)の消極的損害（逸失利益）のことである。

> ⇩ **この判決が示したこと** ⇩
>
> 　現実の収入の減少がなければ財産上の損害の賠償は認められないという従来からの判例の考え方を引き継ぎつつも，「特段の事情」がある場合には，労働能力の喪失を理由とする賠償が認められる余地があるとした。

☝ 解説

　一般不法行為にせよ特殊不法行為にせよ，不法行為は「損害」賠償のための制度であるから[*2]，「損害」の発生が要件となる。では，「損害」とは何だろうか。伝統的には，「不法行為がなかったならば被害者が置かれているであろう利益状態と不法行為があったことにより被害者が現に置かれている利益状態との差額」と考えられてきた（差額説）。そうすると，不法行為があっても，被害者の収入が減少しなければ，（財産上の）損害は認められないことになる。最高裁も，「損害賠償制度は，被害者に生じた現実の損害を塡補することを目的とするものであるから，労働能力の喪失・減退にもかかわらず損害が発生しなかった場合には，それを理由とする賠償請求ができないことはいうまでもない」として，この立場をとる（最判昭和42・11・10民集21巻9号2352頁）。

　それに対し，現在の学説の多くは，「損害」を「被害者の不利益を表す事実」と捉える（事実説）。こう考える場合，収入が現実に減少したか否かに関わらず「損害」は認められ，そのうえで，その「損害」をどのように金銭のかたちで評価するかが検討される。本件の原審が採用した「労働能力の喪失」を損害と捉える立場（労働能力喪失説）は，人身侵害事例に限ったものではあるが，事実説の1バージョンである[*3]。被害者の後遺症の程度から導かれる「労働能力喪失率」[*4]と，労働能力が喪失した期間を，被害者の年収額（不法行為がなければ得ていたであろう額）とかけ合わせることにより，財産上の損害（逸失利益）が算定される。

　本判決の **(1)** は，伝統的立場（差額説）を維持しつつ，「特段の事情」がある場合には，収入の減少がなくても労働能力喪失を理由とする財産上の損害を認める余地があることを示す。そして，**(2)** は，「特段の事情」の例として，①本人の努力等，事故以外の要因によって収入の減少が生じなかった場合や，②職業の性質に照らし昇給・昇任・転職等に際して不利益な取扱いを受けるおそれがある場合を挙げる。いずれも「後遺症が被害者にもたらす経済的不利益」に結び付けられており，なお差額説の延長線上にあるとみるべきだろうが，いずれにせよ，現実の収入の減少があるかどうかを問題とする立場に修正が加えられている。

＊2｜損害賠償と差止め

不法行為の効果は損害の「賠償」，すなわち，すでに生じた不利益を回復させることである。金銭による賠償が原則であり（722条1項，417条），それ以外の方法による賠償（原状回復）は例外的にのみ認められる（723条等）。それに対し，条文にはないが，将来の不利益の発生を防ぐための「差止め」を認める必要性も大きく，それをどのように根拠付けるかが論じられている。

＊3｜死傷損害説

異なる考え方として，「人の死傷」それ自体を「損害」として考えるものもある。これによれば，個々の被害者の収入に関係なく，同じ程度の侵害には同じ額の賠償がなされるべきであることになる。

＊4｜労働能力喪失率

自動車損害賠償責任保険の保険金額を決める際の基準となる後遺障害等級に対応するかたちで定められた数値（労働省労働基準局長通牒昭和32・7・2基発第551号別表）を参考に，被害者の職業・年齢・性別，後遺症の部位・程度，事故前後の稼働状況等を総合的に判断して決められる。

> Step Up
> もう一歩先へ

名誉毀損

1. 名誉・名誉毀損とは

　民法は，名誉を保護法益の1つとして明確に想定しているが（710条，723条参照），その定義は述べていない。判例によれば，名誉とは，「人がその品性，徳行，名声，信用等の人格的価値について社会から受ける客観的な評価」，すなわち人の社会的評価をいう（最判昭和45・12・18民集24巻13号2151頁）。したがって，名誉毀損とは，人の社会的評価を低下させることを意味する。

　人の社会的評価の低下は，他の者が一般公衆に向けて情報や意見を発信すること（表現行為）によって生じることが多い。出版や報道がその典型例である。ある記事や番組の内容が他人の社会的評価を低下させるか否かは，一般の読者・視聴者の普通の注意と読み方・視聴の仕方を基準に判断する（最判昭和31・7・20民集10巻8号1059頁，最判平成15・10・16民集57巻9号1075頁）。また，閲覧・視聴が可能になった時点で判断するのであり，たとえば，刑事事件の報道による名誉毀損の被害者が報道後に有罪判決を受けたとしても，報道による社会的評価の低下という事実には影響しない（最判平成9・5・27民集51巻5号2024頁）。

2. 名誉毀損が不法行為となる場合

　単に被害者の社会的評価が低下するだけで不法行為責任ありとすれば，加害者の表現の自由や，ある情報が公にされることについての社会的・公共的利益が不当にそこなわれてしまう。判例は，ある表現行為が事実の摘示^{てきし}にあたるか意見・論評にあたるかによって，不法行為が成立するか否かの判断基準をわけている。

（1）　事実の摘示　判例は以下の準則を示す（最判昭和41・6・23民集20巻5号1118頁，最判昭和47・11・16民集26巻9号1633頁）。すなわち，一定の事実を摘示する（あばく）ことによって被害者の社会的評価が低下しても，加害者の表現行為が，①公共の利益に関する事実に関するものであり，②もっぱら公益を図る目的からなされたものであり，③そこで摘示された事実が真実である場合には，不法行為は成立しない。また，③をみたさなくても，④摘示された事実を真実と信ずるについて相当の理由がある場合にも，不法行為は成立しない（③を「真実性の抗弁」，④を「相当性の抗弁」という）。

　たとえば，前掲最判昭和41・6・23では，ある衆議院議員選挙立候補者の前科（学歴詐称・経歴詐称による公職選挙法違反）に関してされた新聞報道は，①および②をみたし，③学歴詐称の部分は真実であり，④経歴詐称の部分は真実ではないが真実と信ずるについて相当の理由があったとされ，不法行為の成立が否定された。

（2）　意見・論評　それに対し，意見・論評に関しては，「人身攻撃に及ぶなど論評としての域を逸脱」したものでない限り不法行為は成立しないとされる傾向にある（最判平成元・12・21民集43巻12号2252頁。最判昭和62・4・24民集41巻3号490頁も参照）。前掲最判平成元・12・21は，教育評論家が小学校教師らを「有害無能な教職員」等と評したビラを配布したという事案につき，ビラ配布の主眼は当時の社会問題（当該地域での通知表の様式等）に関する意見表明にあり，それを離れて人身攻撃に及ぶようなものではないとし，不法行為の成立を否定した（ただし，当該ビラに教師らの氏名・住所・電話番号等が記載されていたことにつき，名誉とは別の人格的利益の侵害を認める余地はあるとする点に注意）。

　もっとも，意見・論評は，通常，ある事実を摘示したうえでなされるものである。事実を摘示する部分に関しては，（1）で述べたところにしたがって，名誉毀損の不法行為が成立するか否かが判断されることに注意しなければならない（最判平成9・9・9民集51巻8号3804頁〔百選II-80〕が示す準則を参照）。

（3）　両者の区別　以上のように，事実の摘示か意見・論評かによって，不法行為の成否を判断する基準が異なる。意見・論評の方が厳しい基準となっている（不法行為の成立が認められにくい）のは，意見・論評は表現の自由の根幹であり，手厚く保護すべきだからである（最判平成16・7・15民集58巻5号1615頁）。

　したがって，ある表現行為が事実の摘示なのか意見・論評なのかの判断は重要である。判例は，「証拠等をもってその存否を決することが可能」か否かを基準とする。ある犯罪被疑者につき「極悪人，死刑よ」等の第三者の証言を掲載した記事は間接的・婉曲^{えんきょく}的に事実を摘示するものであるとした例（前掲最判平成9・9・9）や，ある書籍につき「違法な著作権侵害である」との法的見解を示す表現行為を意見・論評であるとした例（前掲最判平成16・7・15）がある。

Chapter III 不法行為

2

Introduction

Contents
- III-1 不法行為の要件
- ココ! III-2 不法行為の効果
- III-3 特殊不法行為

不法行為の効果

> 損害賠償額が最終的にいくらになるかは，どのように決まるのだろうか？

不法行為の効果は，原則として損害賠償である（722条1項[*1]，417条）。損害賠償の額を決定するためのルールは，以下の3種類に分けることができる。

1. 損害賠償の範囲を確定するためのルール

次のような例を考えてみよう。Aは自動車を運転していたところ，交差点でBの運転する自動車が無理に右折しようとしたために，Bの車と接触してしまった。その結果，Aは，足にけがをするとともにAの車は廃車になってしまった。また，Aはクラシックのコンサートを見に行くために自動車を運転していたのだが，警察の実況見分を受けなければならず，コンサートに行くことができなかった。

この例のように，不法行為がなされたことに伴い，様々な因果の連鎖が生じる。そこで，加害者のBが，どの範囲までの損害を賠償しなければならないのか，たとえばコンサートのチケット代も賠償しなければならないのかが問題となる。このような損害賠償の範囲に関する問題を扱ったのが，〔判例24〕である。

2. 損害額の算定に関するルール

次に，ある損害について賠償の範囲に含まれるとして，それをいくらに評価するのかが問題となる。たとえば，廃車になったAの車が3年前に100万円で買った中古車であった場合，その車の価値をいくらに評価するのかという問題がでてくる。〔判例24〕〔判例25〕は，このような損害額の算定に関する問題を扱っている。

3. 損害賠償額を減額するルール

損害賠償額がいったん確定した後，損害賠償額を減らす場合がある。たとえば，交通事故の主たる原因はBの不注意であるとしても，Aにも落ち度があり，その落ち度を理由に賠償額が減らされる場合がある。このような制度を過失相殺（722条2項）というが，その他にも賠償額を減額する仕組みがある。〔判例26〕で過失相殺について扱い，〔もう一歩先へ〕で，賠償額を減額する別の仕組みである損益相殺について紹介する。

[*1] **例外的な効果**

不法行為の効果として，損害賠償以外の効果が認められる場合がある。たとえば，名誉毀損（→Chapter III-1〔もう一歩先へ〕〔p.90〕）が認められた場合に関する723条は，「裁判所は，被害者の請求により，損害賠償に代えて，又は損害賠償とともに，名誉を回復するのに適当な処分を命ずることができる」と規定する。この規定に基づき，謝罪広告が認められる場合がある。また，名誉毀損がなされた場合，プライバシー侵害がなされた場合，さらには生活妨害（公害や日照・通風妨害など）がなされた場合などに，差止請求が認められることもある。

<table>
<tr><td>**24**</td><td>**損害賠償の範囲**——相当因果関係</td><td>富喜丸事件</td></tr>
</table>

大審院大正15年5月22日連合部判決（民集5巻386頁）

事案をみてみよう

　大正4年4月，Xが所有する富喜丸という船舶とYが所有する船舶が双方の船長の過失が原因で衝突し，富喜丸が沈没した。Xは，Yに対して①富喜丸の価額，②富喜丸は大正4年4月以降も同年12月まで傭船契約を締結していたので，その間の傭船料収入により得ることができたであろう利益，③富喜丸が大正5年1月より大正7年12月までの間に傭船料収入により得ることができたであろう利益を求めて訴えを提起した。なお，①に関しては，富喜丸と同等の中古船の価格は，沈没当時は10万円あまりであったが，その後第一次大戦の影響により，大正6年8月には190万円あまりにまで上昇し，その後大戦の終結とともに価格は下落していた。

*1｜傭船
運送のために船を借りること。

> ### ✓ 読み解きポイント
>
> 　①に関して，Xは，富喜丸が沈没したため，富喜丸と同等の船舶の価額の賠償を求めている。もっとも，富喜丸と同等の中古船の交換価格は，沈没後，第一次大戦中に大幅に上昇し，大戦の終結とともに下降している。このような場合，どの時点を基準として賠償を認めるべきであろうか。
> 　②③に関して，Xは，富喜丸を貸すことにより収入を得ていたため，その収入も沈没していなければ得られたのに得ることができなくなってしまったと主張している。この主張は認められるのであろうか。

*2｜滅失
消滅したり所在がわからなくなることにより物がなくなること。

*3｜毀損
物が壊れること。

判決文を読んでみよう

　まず②③について判断を下している。大審院連合部判決（中間判決）は，物の滅失^{*2}毀損^{*3}に対する現実の損害に対する賠償は，物の滅失毀損した当時の交換価格（ここでは中古船の価格）により定められるとしたうえで，その交換価格には，現在および将来にその物に対して通常の使用収益を行う利益が含まれている（傭船料もここに含まれる）ので，交換価格とは別に通常の使用収益を行う利益に対する賠償は認められないとしている。しかし，「被害者が（中略）其の物の特殊の使用収益に因り異常の利益を得べかりし特別の事情ある場合に於て，不法行為に因り使用収益を妨げられ，為に其の得べかりし利益を失ひたるときは，不法行為と損害との間に相当因果関係存する限り該利益喪失に対する被害者の賠償請求権を認めざるべからず」^{*4}。民法416条の規定は「共同生活の関係に於て人の行為と其の結果との間に存する相当因果関係の範囲を

*4｜この部分の現代語訳
被害者が（中略）その物の特殊な使用収益により異常な利益を得ることができるような特別の事情がある場合においては，不法行為により使用収益を妨げられたために，その得られるべき利益を失ったときは，不法行為と損害との間に相当因果関係がある限り，当該利益喪失に対する被害者の賠償請求権は認められなければならない。

明にした」ものに過ぎず，債務不履行の場合のみに限定すべきものではないため，「不法行為に基く損害賠償の範囲を定むるに付ても同条の規定を類推」すべきである。したがって，「被害者が物の特殊の使用収益に因り得べかりし利益を失ひたりとして之が賠償を請求するには民法第416条第2項の規定に準拠し，不法行為の当時に於て将来斯る利益を確実に得べきことを予見し又は予見し得べかりし特別の事情ありしことを主張し且立証することを要する」*5。

①に関して，次のように述べている。損害賠償は，不法行為により生じた損害を塡補することを目的としているので，その賠償範囲はまずその滅失毀損の当時を標準として定めることを要し，「其の損害は滅失毀損の当時に於ける交換価格に依りて定まるべきものとす」。これに対して，価格騰貴時における転売利益の賠償が認められるための要件に関しては，次のように述べる。「被害者に於て不法行為徴りせば其の騰貴したる価額を以て転売其の他の処分を為し若は其の他の方法に依り該価額に相当する利益を確実に取得したるべき特別の事情ありて，其の事情が不法行為当時予見し又は予見し得べかりし場合に非ざれば，斯る損害賠償の請求を為すことを得ざるものとす。」*6

> ### ⇩ この判決が示したこと ⇩
>
> この判決により，不法行為の損害賠償の範囲を不法行為と損害との間に「相当因果関係」がある場合に限定すること，その原則は416条に定められていること，416条は債務不履行に関する条文であるが不法行為の場合にも類推適用されること，が示された。そのうえで，①から③の具体的な問題に関しては，次のような判断をしている。
>
> ①富喜丸と同等の船舶の価額の賠償を求める場合について，賠償範囲は原則としてその滅失当時の交換価格を基準とする。例外的にその後に騰貴した価額の賠償が認められるためには，416条2項を類推適用して，「騰貴した価額に相当する利益を確実に取得できること」を「特別の事情」として，その事情について予見していたこと，あるいは予見すべきであったことを被害者が主張・立証しなければならない。
>
> ②③傭船料収入の賠償は，原則として船の滅失した当時の交換価格の賠償に傭船料収入の利益も含まれているため，認められない。例外的にそれが認められるためには，416条2項を類推適用して，「将来傭船料収入による利益を確実に取得できること」を「特別の事情」として，その事情について予見していたこと，あるいは予見すべきであったことを被害者が主張・立証しなければならない。

☝ 解説

Ⅰ． 損害賠償の範囲に関する基本原則

1 ▸▸ 本判決が示した基本原則

　この判決は，不法行為と損害の間に「相当因果関係」がある場合に，被害者は当該損害についての賠償が認められると述べている。つまり，損害賠償の範囲は，不法行為と損害の間の「相当因果関係」の有無により定まるとしている。さらに，この判決は，416条は人の行為とその結果との間にある相当因果関係の範囲を明らかにしたも

---

*5｜この部分の現代語訳

被害者が物の特殊な使用収益により得ることができた利益を失ったとしてこの賠償を請求するには，民法416条2項の規定に準拠して，不法行為の当時において将来このような利益を確実に得ることができたことを予見しまたは予見すべきであった特別の事情があったことを主張しかつ立証することが必要である。

*6｜この部分の現代語訳

被害者に不法行為がなかったならばその騰貴した価額により転売その他の処分を行い，もしくはその他の方法により当該価額に相当する利益を確実に取得することができた特別の事情があって，その事情が不法行為当時予見しまたは予見すべきであった場合でなければ，この損害賠償の請求をすることはできないものとする。

のであるとも述べている。つまり，本判決は，(i)相当因果関係により損害賠償の範囲は決まり，(ii)その原則は416条に定められている，(iii)416条は債務不履行に関する条文であるが，不法行為の場合にも類推適用される，ということを述べている。しかし，(i)についても(ii)および(iii)についても，現在では学説から批判を受けている。

2 ▸▸ 「相当因果関係」という概念についての問題

　まず，(i)については，「相当因果関係」という概念は，以下の3つのレベルの問題をまぜこぜにしており，それぞれ分けるべきであるという学説上の批判がある。第1が，加害行為と権利または法律上保護される利益の侵害との間に，そもそも原因と結果の関係があるかという問題である。これは損害賠償の要件のレベルの問題であるとともに事実のレベルの問題であるため，「事実的因果関係」と呼ばれている。第2が，どの損害まで損害賠償の範囲に含めるかという損害の「賠償範囲の確定」の問題である。第3が，賠償範囲内とされた損害をどう金銭に評価するかという「損害の金銭的評価」の問題である。ただし，実務上は，現在でもしばしば，上記3つの問題を区別することなく「相当因果関係」という用語が用いられている。

3 ▸▸ 不法行為に416条を類推適用することに関する問題

　(ii)(iii)は，債務不履行に関する416条を不法行為の場合にも類推適用することを意味しているので，まず416条がどのようなルールを定めているかをみておこう。416条は，債務不履行による損害賠償，たとえば契約違反があった場合の損害賠償の範囲を定める際に用いられる規定である。416条1項は，債務不履行に対する損害賠償は，「通常生ずべき損害の賠償」をさせることを目的とすると規定し，同条2項は，「特別の事情によって生じた損害であっても，当事者がその事情を予見すべきであったとき（改正前は「予見し，又は予見することができたとき」と規定されていた）は，債権者は，その賠償を請求することができる」と規定する。その後の判例（最判昭和48・6・7民集27巻6号681頁〔百選Ⅱ-89〕）は，誰が予見し，または予見すべきであったかについては，「加害者」であるとしている。

　さて，この判決で示したルールに対しては，416条は，債務不履行の場合を対象とした規定であり，不法行為についてこれを妥当させようとするのはおかしいという批判がある。債務不履行責任の場合，当事者にはもとから債権債務関係がある。たとえば，不動産の売買契約を締結したけれど，売主が不動産を引き渡してくれないというとき，売主は引渡し債務を負っている。そして，その売主は，買主がその不動産を転売しようとしていたことを予見できる場合も少なくない。このような場合に，416条2項に基づいて予見可能性を賠償範囲の基準とするのには合理的理由があるといえる。これに対して，不法行為責任の場合は，多くの場合全く関係のなかった当事者の間に起こるものである。故意の場合はともかく過失の場合は，加害者に予見可能性がないからといって賠償責任を否定するのは妥当ではない，という批判である。

Ⅱ．具体的な事例の解決

1 ▸▸ 本判決が示したルール

　この事案では，①沈没した富喜丸の価額をどのように算定するか，②③富喜丸が

沈没していなかった場合に得られた備船料収入を賠償範囲に含めるのか，という2点が問題になっている。

①について，この事件では，船舶の価額の賠償を認めることを前提として，その損害額がいくらかが問題になっている。すなわち，損害賠償額の算定レベルでの問題が争われている。大審院は，沈没した富喜丸について原則として沈没当時の交換価格で賠償を認めると述べているが，これは富喜丸の価額を積極的損害[*7]ととらえて賠償を認めていることを意味する。これに対して，例外的に，富喜丸と同等の中古船舶が価格騰貴した時点での価額で賠償が認められることもありうる。つまり，富喜丸が沈没したことにより将来得ることができたであろう利益が得られなかったという損害，すなわち逸失利益[*7]を認めることができる場合もある。大審院は，その場合には，416条2項を類推適用するとしている。

②③については，備船料の損害をそもそも認めるかという損害賠償の範囲のレベルの問題が生じている。沈没後に得られるはずであった備船料による収益も逸失利益ということになるが，大審院は，これが賠償範囲に含まれるか否かについても，416条2項を類推適用するとしている。沈没した船につき騰貴した価額での賠償を請求する場合や，沈没後に得られたはずの備船料収入による利益を請求する場合は，この416条2項を類推適用して，「騰貴した価額に相当する利益を確実に取得できること」あるいは「将来備船料収入による利益を確実に取得できること」を「特別の事情」として，その事情について予見していたこと，あるいは予見すべきであったことを，被害者は主張・立証しなければならないこととなる。

2 ▸▸ 本判決の示したルールの射程

大審院のこのような判断は，その後，あらゆる不法行為の事例で適用されるルールとなっているわけではない。騰貴した価額による賠償を求める場合も，将来の備船料収入を求める場合も，「物」に関する「逸失利益」[*8]を求める場合であるが，それ以外の場面で，個々の判例では予見可能性の有無を問題としないものが多い点には注意が必要である。416条2項の類推適用を認めた事例としては，関西方面でカステラ業を営んでいたXが東京進出をしようとしたものの，Yに東京進出を妨害されて進出が遅れたため，XがYに対して得べかりし営業利益の賠償を求めた事件（前掲最判昭和48・6・7）があるが，そこでも大隅健一郎裁判官による反対意見[*9]が付されている。反対意見が付された背景にも，先に述べたような不法行為に416条2項を類推適用することに対する疑問がある。

---

*7 │ 積極的損害・逸失利益

これらの概念の意味については，［判例23］*1（p.88）を参照。

*8 │ 買替・修理期間中の営業車の逸失利益

本判決では，沈没後の備船料収入について，賠償を認めるためにかなり厳格な要件を課しているが，その後の自動車事故に関する下級審裁判例では，営業車（緑ナンバーのトラックやタクシーなど）の買替期間中や修理期間中，事故車を営業に利用できなかったために収入を得られなかった損害について，賠償を認める場合が多い（たとえば，高松高判平成9・4・22判タ949号181頁）。

*9 │ 最判昭和48・6・7民集27巻6号681頁の大隅健一郎裁判官による反対意見

「多くの場合全く無関係な者の間で突発する不法行為にあっては，故意による場合はとにかく，過失による場合には，予見可能性ということはほとんど問題となりえない。たとえば，自動車の運転者が運転を誤って人をひき倒した場合に，被害者の収入や家庭の状況などを予見しまたは予見しうべきであったというがごときことは，実際上ありうるはずがないのである。（中略）民法が債務不履行について416条の規定を設けながら，これを不法行為の場合に準用していないのは，それだけの理由があってのことといわざるをえないのであって，この規定を不法行為について類推適用することもまた否定されなければならないのである。」

25 損害額の算定——年少女子の逸失利益

最高裁昭和62年1月19日判決（民集41巻1号1頁）　　▶百選Ⅱ-93

事案をみてみよう

昭和56（1981）年2月3日，Aは，自転車で走行中に，大型貨物自動車に追突されて死亡した。交通事故当時，Aは，14歳の女子中学生であった。死亡したAの父母で，相続人であるXらは，加害自動車の保有者であるY社に対して，自動車損害賠償保障法3条に基づき損害賠償を請求した。Xらは，被害者AがYに対して有する損害賠償請求権や慰謝料請求権を相続によって承継し，また，Xら固有の慰謝料請求権も有していたが[*1]，損害賠償の主たる内容は，Aの逸失利益である。

Aの逸失利益について，第一審は，18歳から67歳までの49年間，昭和55年賃金センサス[*2]女子労働者旧中・新高卒平均給与額に賃金上昇分を考慮し，かつ家事労働分として年額60万円を加算した額を基礎に，生活費40％を控除するなどして，2331万円余と算出した。これに対し，控訴審は，家事労働分の加算を否定し，昭和56年賃金センサスのパートタイム労働を除く女子労働者旧中・新高卒平均給与額を基礎に，生活費35％を控除するなどして，逸失利益は1948万円余であるとした。

Xらは，男女間の著しい賃金格差を是正するため，家事労働分を加算すべきであり，慰謝料額にも配慮すべきなどとして上告をした。

> ✓ **読み解きポイント**
>
> ① 年少女子が不法行為によって死亡した場合，逸失利益はどのように算定されるのだろうか。
> ② 女子労働者の平均賃金を基準とすると，男女間に格差が生じる。この格差を縮めるため，さらに家事労働分を加算すべきだろうか。

📖 判決文を読んでみよう

(1) 「原審が，Aの将来の得べかりし利益の喪失による損害賠償額を算定するに当たり，賃金センサス……女子労働者……の表による平均給与額を基準とした収入額を算定したことは，交通事故により死亡した女子の将来の得べかりし利益の算定として不合理なもの」ではない。

(2) 「Aが専業として職業に就いて受けるべき給与額を基準として将来得べかりし利益を算定するときには，Aが将来労働によって取得しうる利益は右の算定によって評価し尽くされることになると解するのが相当であり，したがって，これに家事労

[*1] **被害者死亡時の損害賠償請求**
判例は，死亡した被害者が損害賠償請求権（709条や自賠法3条など）や慰謝料請求権（710条）を取得し，これを相続人が相続することを認めている。711条に該当する者で死亡被害者の相続人である者は，相続した慰謝料の請求も，固有の慰謝料の請求も可能となるが，どちらかだけ請求された場合も，合算された場合でも，総額に差が生じないよう実務では取り扱われている。

[*2] **賃金センサス**
主要産業に雇用される労働者について，その賃金の実態を労働者の雇用形態，就業形態，職種，性，年齢，学歴，勤続年数，経験年数別等によって明らかにした，厚生労働省によって作成される統計資料のことである。

働分を加算することは，将来労働によって取得しうる利益を二重に評価計算することに帰するから相当ではない。そして，賃金センサスに示されている男女間の平均賃金の格差は現実の労働市場における実態を反映していると解されるところ，女子の将来得べかりし利益を算定するに当たって，予測困難な右格差の解消ないし縮小という事態が確実に生じるものとして現時点において損害賠償額に反映させ，これを不法行為者に負担させることは，損害賠償額の算定方法として必ずしも合理的なものであるとはいえない。したがって，Ａの得べかりし利益を算定するにつき，Ａの受けるべき給与額に更に家事労働分を加算すべきではないとした原審の認定判断は，正当として是認することができる。」そして，原審の算定した慰謝料の額も不当ではないとした。

⬇ **この判決が示したこと** ⬇

まだ働いていない中学生である女子の逸失利益を，女子労働者の平均賃金を基準に算定することは不合理ではない。この場合，家事労働分をさらに加算することは，将来労働によって取得しうる利益を二重に評価計算することになるので，相当ではないとした。

☝ 解説

Ⅰ．死亡による逸失利益の算定方法

死亡による逸失利益とは，被害者が生存していれば，働いて得ていたであろう総収入から，生存していればかかった生活費分を控除し，さらに中間利息も控除して算出[*3]されるものである。

死亡による逸失利益を厳密に立証することは困難である。しかし，裁判では，証拠資料や統計値などを用いて，一定程度の蓋然性（確実性の度合い）のある額の算出が試みられている。

1 ▶▶ 有職者の場合

逸失利益は，死亡時の年収を基準に，昇給を考慮して，就労可能年齢までの平均的な総収入を算出し，生活費や中間利息を控除して算出される。つまり，同じ交通事故の被害者でも，その人の収入によって損害賠償の額は異なることになる。命の値段を同じものとして定額賠償とするような考え方は日本では採用されていない。

> 逸失利益＝被害者の年間収入×稼働可能年数－生活費－中間利息

2 ▶▶ 専業主婦の場合

家事労働に専従する者には，現実職業による収入があるわけではない。しかし，家事労働は，他人に依頼すれば対価の支払を必要とするものなので，金銭的価値がある。[*4]そこで，女子労働者の平均的な賃金に相当する財産上の収益を挙げるものと考えて，逸失利益が算定されている。

3 ▶▶ 年少者の場合

中学生くらいまでの年少者の場合，将来収入の予測は難しい。かつては，算定困難

---

*3｜中間利息の控除
本来，被害者が生存していれば，一定期間ごとに取得できるはずの給与などを，加害者が一時金方式で損害賠償を一括前払するので，早く取得して運用できる分の利息を差し引くということである（417条の2参照）。

*4｜年金生活者
被害者が年金生活者の場合，年金が逸失利益となるかは，その年金の性格による。たとえば，恩給法に基づく普通恩給や公務員共済組合法に基づく退職年金などについては逸失利益性が肯定されている。しかし，遺族年金，老齢年金などは，受給者が保険料を拠出していない社会保障的性格が強いものであるとして，逸失利益性が否定されている。

であるとして賠償請求を否定した判決もあった（最判昭和37・5・4民集16巻5号1044頁）。しかし，算定困難であるからとして賠償を否定するのではなく，諸種の統計表その他の証拠資料に基づき，経験則と良識を活用して，できる限り客観性のある額を算定すべきというのが現在の判例の立場である（最判昭和39・6・24民集18巻5号874頁）。その際に用いられるのが賃金センサスである。

Ⅱ. 女子平均賃金基準と格差の是正

1 ▸▸ 男女間の平均賃金格差

年少者の逸失利益については，賃金センサスによる算定が肯定されたうえ，男女別の賃金センサスが用いられるようになった。当初，年少女子については，退職して専業主婦になる可能性が高いので，専業主婦となる期間について，そもそも逸失利益を算定できるのかが問題とされた。しかし，専業主婦についても女子労働者平均賃金による逸失利益を肯定することを前提に，当該期間についても算定が認められる状況にある（最判昭和49・7・19民集28巻5号872頁）。

問題は，男女間に平均賃金の格差があることである。この格差は現実に存在し，加害者の負担で格差を是正するのはおかしいと考えれば，年少女子と年少男子との逸失利益に差が生じるのは仕方がないということになる。その一方で，男女別平均賃金を基準とする算定を前提としつつ，格差を是正する試みも行われてきた。

2 ▸▸ 格差是正の方法・考え方

年少女子について，家事労働分を加算するという考え方は，本判決によって明確に否定された。この考え方を肯定する見解は，給与額の格差の原因には，家事労働に女性の労働力が割かれている現実があるという理解に基づくものである。しかし，最高裁は，専業の労働者として67歳まで勤務するという前提で逸失利益を算定する場合に，家事労働分の加算は利益の二重評価にあたるという理由で加算を否定した。

そのほか，下級審裁判例では，女子にかかる生活費を男子よりも少額なものとして，生活費控除率を女子については低く認定することで，格差を縮めるという手法が用いられる傾向にあった（本件控訴審など）。

Ⅲ. 現在の実務の状況：全労働者の平均賃金基準

年少女子の逸失利益については，女子の平均賃金を基礎とするという流れの中で，東京高判平成13・8・20判時1757号38頁が登場した。この判決は，①年少者の場合，多様な就労可能性を有していること，②まだ働いてない年少者に，現実の労働市場と同様の差異を設けることは性による差別の側面があること，③女子の就労環境が大きく変化し，将来の就労可能性の幅に男女差はもはやないに等しい状況にあることを理由に，全労働者の平均賃金を用いるのが合理的であるとした。このような考え方を支持する裁判例が増える状況にあるものの，[*5] 最高裁としての判断は示されていない。

そして，年少女子の逸失利益について全労働者平均賃金による算定を認めた場合でも，年少男子の逸失利益は，男子労働者平均賃金が用いられるので，その扱いに合理性があるのかも問われることになる。

----

*5 | 男女別平均賃金を維持する判決

東京高判平成13・10・16判時1772号57頁は，統計数値利用にあたっては，より正確な蓋然性の高い額を算定するため，できる限り対象者の属性に近い統計を使用すべきであるとして，従来の女子平均賃金による算定を維持している。

26 過失相殺——被害者の能力

最高裁昭和39年6月24日大法廷判決（民集18巻5号854頁）　▶ 百選Ⅱ-96

事案をみてみよう

　Y₁ の運転するコンクリート運搬用自動車が，交差点で，A・B が二人乗りをする自転車をはね，A・B は死亡した。この事故については，Y₁ には周囲を十分に確認せずに交差点を進行した過失があったと認定された一方，A・B にも，自動車に注意を払わず，二人乗りをしたまま交差点を通過しようとした過失があったと認定されている。事故当時，A と B は満8歳1か月と満8歳2か月であり，ともに小学2年生であった。また Y₁ は，Y₂ の従業員（被用者）であり，本件事故は Y₂ の業務として自動車を運転しているときに起きたものであった。

　A・B それぞれの親である X らが，A・B それぞれの相続人として[*1]，Y₁ に対しては民法709条に基づいて，Y₂ に対しては民法715条に基づいて，損害賠償の支払を求めて提訴した。控訴審は，Y₁・Y₂ の責任を認め，損害賠償の支払を命じたものの，その額は，A・B の過失を理由として，過失相殺（民法722条2項）による減額が行われていた。この減額が，過去の最高裁判例に反するとして，X らは上告した。

> ### ✓ 読み解きポイント
>
> ① 他人に損害を加えた者が未成年者である場合において，この未成年者が責任能力をもたないときは，不法行為責任を負わせることができないとされている（712条）。では，未成年者が不法行為の被害者となった場合において，被害者自身に過失があることを理由として過失相殺を行う（賠償額を減額する）際には，どのような能力をもつことが必要とされるか。その能力は，責任能力と同じであるか，それとも異なるのか。
>
> ② 本件の被害者（満8歳余）に①で要求される能力は，認められるのか。

*1｜被害者の死亡と損害賠償請求権の相続

不法行為の被害者が死亡した場合，損害賠償請求権を取得・行使するのは誰かという問題が生じる。これについては，被害者自身に（たとえ即死の場合でも）一度損害賠償請求権が発生し，被害者が死亡することによって相続人がその請求権を相続するというのが判例の立場である。

判決文を読んでみよう

(1)　「未成年者が他人に加えた損害につき，その不法行為上の賠償責任を問うには，未成年者がその行為の責任を弁識するに足る知能を具えていることを要することは民法712条の規定するところである」。しかし，「他人の不法行為により未成年者がこうむった損害の賠償額を定めるにつき，被害者たる未成年者の過失をしんしゃくするためには，未成年者にいかなる知能が具わっていることを要するかに関しては，民法には別段の規定はな」い。この場合について過去の判例（最判昭和31・7・20民集

10巻8号1079頁）は，「被害者たる未成年者においてその行為の責任を弁識するに足る知能を具えていないとき」，すなわち責任能力を備えていないときは，「民法722条2項を適用すべきではない」としている。

「しかしながら，民法722条2項の過失相殺の問題は，不法行為者に対し積極的に損害賠償責任を負わせる問題とは趣を異にし，不法行為〔者〕が責任を負うべき損害賠償の額を定めるにつき，公平の見地から，損害発生についての被害者の不注意をいかにしんしゃくするかの問題に過ぎない」ものである。したがって，被害者たる未成年者の過失をしんしゃくする場合においても，未成年者に事理を弁識するに足る知能が具わっていれば足り，未成年者に対し不法行為責任を負わせる場合のごとく，行為の責任を弁識するに足る知能が具わっていることを要しないものと解するのが相当である。したがって，前示判例は，これを変更すべきものと認める。」

(2) 「原審の確定するところによれば，本件被害者らは，事故当時は満8才余の普通健康体を有する男子であり，また，当時すでに小学校2年生として，日頃学校及び家庭で交通の危険につき充分訓戒されており，交通の危険につき弁識があったものと推定することができる」。このため，「本件被害者らは事理を弁識するに足る知能を具えていたものというべきであるから，原審が，右事実関係の下において，進んで被害者らの過失を認定した上，本件損害賠償額を決定するにつき右過失をしんしゃくしたのは正当であ」る。

⬇ この判決が示したこと ⬇

　未成年者の過失を理由として過失相殺を行う際には，この未成年者が責任能力をもつことまでは必要がないとし，責任能力を要するとしていた過去の判例を変更した。責任能力は，「法律上の責任が生じる」ことを理解できる知能であり，これまでの判例では12歳前後でそなわると理解されてきた。この判例では，過失相殺を行う前提としては，そこまでの知能は不要であり，「事理を弁識するに足る知能」（「事理弁識能力」と呼ばれる）で足りるとし，8歳の被害者について，その知能を有していたと認めることができるとした。

 解説

I．過失相殺とは

　被害者に生じた損害について加害者が不法行為責任を負う場合でも，その損害の発生・拡大に被害者の過失も寄与しているときには，公平の見地から，加害者の支払う損害賠償額が減額される（民法722条2項）。これを過失相殺という。

　本判決は，この過失相殺をするための要件のうち，被害者がそなえるべき知的能力に関するものである。その理解のためには，不法行為が成立するためには，加害者が責任能力をもつことが要件とされていることと対比して考える必要がある。まずは責任能力の方から見ていこう。

Ⅱ．責任能力とは

　未成年者に不法行為に基づく損害賠償責任を負わせるにあたっては，この未成年者が責任能力をもつことが要件となる（民法712条）。この責任能力とは，道徳上不正の行為であることを弁識する知能では足りず，法律上の責任を弁識するに足るべき知能（自分の行為によって法律上の責任が生じると理解できるだけの知能）をいうというのが判例[*2]である。

　かつては，過失を，権利侵害を防ぐための精神的緊張が欠けた状態と主観的にとらえていた。責任能力とは，その論理的な前提となる能力であり，精神を緊張させる能力をいうと説明されていた。しかし今日では，過失はこうした主観的な捉え方ではなく，客観的に定められる損害回避のための行為義務に違反したことと理解されている（→〔判例**18**〕）。したがって責任能力も，過失を問うための論理的な前提とは理解されておらず，未成年者や知的障害者の保護のための政策的な配慮と位置付けられている。

Ⅲ．過失相殺の前提となる能力

　責任能力は，不法行為の加害者の側について要求される能力であるが，これと対応させるかたちで，過失相殺が行われる場合に，被害者にも一定の能力が要求されるかということが問題となる。これについて，古い判例では，過失相殺をするためには被害者に責任能力があることが前提になるとされ（大判大正4・6・15民録21輯939頁），最高裁も一度はこの立場を踏襲した（本判決が引用する最判昭和31・7・20民集10巻8号1079頁）。

　しかし，過失相殺で問題となる被害者の過失は，加害者の過失と同じものではない。被害者の過失は，不注意によって損害の発生を助けたということに過ぎない。したがって，その前提となる被害者の弁識能力としても，加害者の責任の前提となる責任能力よりも，より低い能力で足り，「損害の発生を避けるのに必要な注意をする能力」でよいとする見解が主張された。[*3]

　本判決は，こうした学説上の主張を受け入れて，従来の判例を変更し，過失相殺をするためには，被害者が責任能力をもつことまでは必要なく，事理弁識能力をもつことで足りるとしたのである。事理弁識能力の具体的な内容は，本判決では説明されていないが，学説上主張されていた「損害の発生を避けるのに必要な注意をする能力」という基準を採用したものと理解されている。なお，その後の裁判例の積み重ねの中では，こうした事理弁識能力は平均して5歳前後でそなわると判断されている。

Ⅳ．被害者側の過失

　以上によれば，たとえば3歳の幼児が道路に飛び出して車にはねられたという場合で，この幼児が事理弁識能力をもっていなかったと判断されれば，過失相殺はできないこととなる。しかし，判例によれば，この場合でも，この幼児を監督する義務を負う者（典型的には父母）に，被害者の監督についての過失があったときには，過失相殺をすることができるとしている（最判昭和34・11・26民集13巻12号1573頁，最判昭和44・2・28民集23巻2号525頁）。この法理は，「被害者側の過失」と呼ばれている。

＊2｜関連判例（大判大正6・4・30民録23輯715頁〔光清撃ツヅ事件〕）

12歳の少年が友人に向けて空気銃を撃ち，失明させたという事件で，空気銃を撃った少年に責任能力はなく，監督者責任（民法714条）に基づく損害賠償責任が成立すると判断した原審判決が，大審院でも支持されたという事件である。

＊3｜時代背景

その背景には，交通事故訴訟が増加する中，過失相殺の適用範囲を拡大することで，生じた損害を加害者と被害者の間で公平に分配するという考慮がはたらいていたという指摘がある。昭和30年代（1955年〜1964年）は，戦後の復興・経済発展で自動車（特にトラック）が増加する一方，歩道や信号機の整備が進んでおらず，「交通戦争」と呼ばれるほどに交通事故（特に死亡事故）が増えていた。昭和30年には事故件数9万3981件・死亡者数6379人だったのが，昭和39年には同55万7183件・1万3318人に達している。

損益相殺

1. 損益相殺とは何か

被害者が不法行為によって損害を被ると同時に利益も受けている場合，被害者はその利益を控除した（差し引いた）額についてのみ賠償を請求できる。これを損益相殺という。

たとえば，加害者Aが運転する自動車の過失により被害者Bが死亡した場合，Bの相続人Cは，Aに対してBが生きていれば取得していたであろう収入を損害賠償として請求できる（Cは，BのAに対する損害賠償請求権を相続により取得する）。その際，Bが生きていればかかるはずの生活費は，Bが死亡した結果かからずに済んでいるので，その額だけ損益相殺として損害賠償額が差し引かれる（最判昭和39・6・24民集18巻5号874頁）。

判例は，損益相殺は，公平の見地から認められるものであるとしている（最大判平成5・3・24民集47巻4号3039頁）。損害賠償の減額事由として過失相殺について勉強をした（[→判例 **26**]）が，過失相殺は被害者の過失を根拠に損害額を減額するものであり，損益相殺とは趣旨が異なる点に注意が必要である。

ところで，先ほどの生活費の例は，不法行為により被害者Bが死亡してしまったために「支出しなくて済んだ場合」が問題となっている。損益相殺については，不法行為により「支出しないで済んだ場合」と「利得を得た場合」の2つの場合がありうるが，ここでは，「支出しないで済んだ場合」について損益相殺が問題となった判例を3つほど見てみよう。

2. 免れた支出と損益相殺

第1交通事故（加害者A）→被害者B負傷し症状固定
第2交通事故（加害者C）→被害者B死亡

（1） 2つの交通事故と生活費

最判平成8・5・31民集50巻6号1323頁は，生活費が損益相殺の対象となる場合を明確化している。事案は，加害者Aが引き起こした交通事故により，Bが負傷をし，その症状が固定化した後に，Bは別の交通事故（加害者はC）により死亡したというものである。最高裁は，このような事案において，「交通事故と被害者の死亡との間に相当因果関係があって死亡による損害の賠償をも請求できる場合に限り，死亡後の生活費を控除することができると解するのが相当である」と判示している。Aが引き起こした交通事故とBの死亡との間に相当因果関係がない場合，Aが賠償すべき損害は，Bの「負傷」により労働能力が一部喪失したことに基づく損害についてである。Bが死亡したことについての賠償は，Cが責任を負うのであり，Aが負うのではない。最高裁も，「交通事故と死亡との間の相当因果関係が認められない場合には，被害者が死亡により生活費の支出を必要としなくなったことは，損害の原因と同一原因により生じたものということができ」ないと述べている。したがって，Aは，Bが死亡したことを前提とする生活費の控除を主張できない。

（2） 養育費

加害者Aが起こした交通事故により幼児Bが死亡した場合，Bの相続人であるBの両親 $C_1 \cdot C_2$ は，Bの死亡時以降，養育費を支払わずに済んでいる。そこで，$C_1 \cdot C_2$ が，Bから相続した損害賠償請求権を行使する際に，Aは，「養育費を損益相殺する」と主張することができるか。最判昭和53・10・20民集32巻7号1500頁は，死亡した子Bの逸失利益の算定にあたり，養育費を控除すべきでないという立場を採用している。最高裁は，その際，「損失と利益との同質性」がないという理由を用いている。つまり，ここでの「損失」は被害者であるBに生じた損失であり，養育費を支払わずに済むという「利得」は親 $C_1 \cdot C_2$ が免れた支出である。損失と利得が同一の者に生じていないため，最高裁は「同質性がない」と述べている。

（3） 所得税

それでは，交通事故の被害者が，交通事故のせいで収入が減り，Bが支払う所得税の課税額も減少した場合，Aはそれを理由に損益相殺を主張できるか。最判昭和45・7・24民集24巻7号1177頁は，損益相殺を主張できないとしている。所得税法9条1項17号は，人身損害の賠償金を非課税としている。学説上も，この所得税法の規定は，不法行為がなければ徴収することができたであろう所得税を徴収しない趣旨の規定であると理解して，最高裁の立場を支持する見解が有力である。

Chapter 3 不法行為

Introduction

Contents
- Ⅲ-1 不法行為の要件
- Ⅲ-2 不法行為の効果
- ココ! Ⅲ-3 特殊不法行為

特殊不法行為

> 714条から先の条文は，709条よりも具体的に書かれていて面白そう！ これらは何を定めているのかな？

1. 特殊不法行為とは

これまで，不法行為の一般的な要件（Ⅲ-1）と効果（Ⅲ-2）についての重要判例を見てきた。しかし，民法は，714条以下で，一定の状況に即した特別な規定も置いている。そのほか，民法以外の法律で規定が設けられていることもある（〔もう一歩先へ〕〔p. 120〕参照）。これらは，「特殊不法行為」とよばれる。[*1]

- 714条：監督義務者責任
- 715条：使用者責任（716条〔注文者責任〕もこれに関連）
- 717条：土地工作物責任
- 718条：動物保有者責任
- 719条：共同不法行為責任

たとえば，運送会社の配達担当の従業員が配達途中に歩行者を業務用トラックではねて死なせてしまった場合，その会社は使用者責任（715条）を負う可能性がある。また，飼い犬が逃げ出して，通行人を噛んで負傷させてしまった場合，飼い主は動物保有者責任（718条）を負う可能性がある。被害者は，709条によらなくても，特殊不法行為の条文を用いて責任追及ができるのである。

特殊不法行為のポイントは，どのような意味で「特殊」かを理解することにある。この点はどの類型についても大いに争われていて，簡単ではない。ここでも，重要なのは判例である。一般不法行為に負けず劣らず，重要な最高裁判例が積み重ねられている。〔判例27～判例30〕は，そのうちいくつかを取り上げたものである。

2. 特殊不法行為の各類型

各条文の内容を確認したうえで，各判例を学ぶ意味を概観しよう。

（1）監督義務者責任

714条1項は，責任無能力者が第三者に生じさせた損害について，その者を監督する法律上の義務を負う者（監督義務者）が賠償責任を負うことを規定する。ただし，監督義務者が監督義務を怠らなかった場合や，監督義務を怠らなくても損害が生じた

---

*1 | 特別法上の不法行為

特別法にも不法行為の特則を含むものが多くある。①失火ノ責任ニ関スル法律（明治32年），②鉱業法（昭和25年），③自動車損害賠償保障法（昭和30年），④原子力損害の賠償に関する法律（昭和36年），⑤大気汚染防止法（昭和43年），⑥水質汚濁防止法（昭和45年），⑦製造物責任法（平成6年）等である。〔もう一歩先へ〕では，①と⑦を扱う。

＊2｜国家賠償責任
（その1）

国家賠償法は、「公権力の行使に当る公務員」が職務を行うについて行った不法行為について、国または公共団体が責任を負うことを定めている（国家賠償法1条1項）。

民法715条1項の使用者責任と比べると、免責事由が定められていない点が異なるが、本文のカッコ書きで示したように、使用者責任でも免責はほとんど認められないため、違いは小さい。

国または公共団体は、直接の加害者である公務員に対し、当該公務員に故意・重過失があった場合に限り、求償できる（国家賠償法1条2項）。使用者責任では、このような制限は定められていないが（715条3項参照）、判例上、使用者が被用者に求償できる範囲は、信義則上相当と認められる範囲に限定されている（最判昭和51・7・8民集30巻7号689頁）。

＊3｜国家賠償責任
（その2）

国家賠償法は、「道路、河川その他の公の営造物」の設置・管理における瑕疵により生じた損害について、国または公共団体が責任を負うことを定めている（国家賠償法2条1項）。

民法717条1項ただし書の土地工作物所有者の責任と同様、過失の有無に関わらず（瑕疵が認められれば）負う責任だが、人工的作業が加わっていない物（自然公物）も含まれると考えられている点等の違いがある。

であろう場合には、責任を免れる。なお、監督義務者に代わって監督する者（代理監督者）も同様の責任を負う（同条2項）。

責任無能力者として想定されるのは、未成年者（712条）や精神上の障害を有する者（713条）である。［判例27］は、このうち未成年者につき、その監督義務者である親権者がどのような監督義務を負うかについての重要判例である。

（2）　使用者責任[*2]

715条1項は、被用者が事業の執行について第三者に生じさせた損害について、その者の使用者が賠償責任を負うことを規定する。ただし、使用者が被用者の選任・監督について相当の注意をした場合や、相当の注意をしても損害が生じたであろう場合には、責任を免れる（もっとも、判例上この免責はほとんど認められない）。なお、使用者に代わって事業を監督する者（代理監督者）も同様の責任を負う（同条2項）。

被用者の典型例は労働者であるが、そうでなくても使用者責任が認められることがある。［判例28］は、階層的な組織の暴力団の組長が末端の組員の行為について責任を負うかが問われたものであり、限界事例であるだけに、使用者責任とは何かを考えさせてくれる。

（3）　土地工作物責任[*3]

717条1項は、土地工作物の設置・保存に瑕疵があることにより他人に損害が生じた場合には、その占有者が賠償責任を負うことを規定する。ただし、占有者が損害の発生を防止するのに必要な注意をした場合には責任を免れ、代わりに所有者が責任を負う。なお、竹木の場合でも同様の責任が課される（同条2項）。

土地工作物の所有者は損害発生防止義務を尽くしても責任を負うゆえ、「瑕疵」が何を意味するか、どのように判断されるかが決め手となる。［判例29］は、保安設備のない踏切に即してこの問題を扱った重要判決である。

（4）　共同不法行為責任

719条1項前段は、共同の不法行為によって他人に損害が生じた場合には、各行為者が連帯して賠償責任を負うことを規定する。なお、同条1項後段は共同行為者のうちいずれの者がその損害を加えたかを知ることができない場合について、同条2項は教唆者・幇助者の責任について定めるが、その位置付けは同条1項前段の責任をどう理解するかにかかわる。

共同不法行為は、各人の行為が時を同じくする場合（同時的競合）にのみ成立するわけではない。［判例30］は、交通事故の後に運ばれた病院での医療過誤により被害者が死亡したという事案（異時的競合）に関する最高裁の判断であり、その意義について慎重な検討が必要なものである。

27 監督義務者責任
——親権者の責任

サッカーゴール事件

最高裁平成27年4月9日判決（民集69巻3号455頁）　　　　　　▶百選Ⅱ-82

🔍 事案をみてみよう

　満11歳のAは，放課後，友人たちとともに，自身が通う小学校の校庭で，サッカーボールを用いてフリーキックの練習をしていた。Aが校庭の南端近くのサッカーゴールに向けてボールを蹴ったところ，ボールはゴールの約10m後方にある門（高さ1.3m）を越え，校舎周りの溝（幅1.8m）の橋の上を転がり，道路上に出た。ちょうど道路で自動二輪車を運転していたB（85歳）は，ボールを避けようとして転倒し，左足を骨折し，入院中に誤嚥性肺炎により死亡した[*1]。Bの相続人であるXらは，Aの両親であるYらに対し，損害賠償を請求した。

☑ 読み解きポイント

　本件事故は，責任無能力者（712条）であるAの行為によって起きたものである。Aの親権者であるYらは，Aの行為について，監督義務者としての責任（714条1項）を負うだろうか。

📖 判決文を読んでみよう

　①Aが本件ゴールに向けてボールを蹴ったことは，「本件道路を通行する第三者との関係では危険性を有する行為であった」が，②Aの行為自体は，「本件校庭の日常的な使用方法として通常の行為であ」り，また，③本件ゴールに向けてボールを蹴ったとしても，「ボールが本件道路上に出ることが常態であったものとはみられ」ず，④Aが「殊更に本件道路に向けてボールを蹴ったなどの事情もうかがわれない」。

　「責任能力のない未成年者の親権者は，その直接的な監視下にない子の行動について，人身に危険が及ばないよう注意して行動するよう日頃から指導監督する義務があると解されるが，本件ゴールに向けたフリーキックの練習は，上記各事実に照らすと，通常は人身に危険が及ぶような行為であるとはいえない。また，親権者の直接的な監視下にない子の行動についての日頃の指導監督は，ある程度一般的なものとならざるを得ないから，通常は人身に危険が及ぶものとはみられない行為によってたまたま人身に損害を生じさせた場合は，当該行為について具体的に予見可能であるなど特別の事情が認められない限り，子に対する監督義務を尽くしていなかったとすべきではない。」

　「Aの父母であるYらは，危険な行為に及ばないよう日頃からAに通常のしつけを

[*1] 本件事故とBの死亡の関連性

誤嚥性肺炎とは，食べ物や飲み物を飲み込む動作がうまくいかず，唾液等が誤って気管・気管支に入ること（誤嚥）で生じる肺炎である。本件事故とは無関係のようにも思えるが，原審は，本件事故による環境の激変が発症のきっかけであったとして，本件事故とBの死亡の間の相当因果関係を肯定した（ただし，Bの持病を理由に5割の素因減額。また，Bの過失を理由に3割減額）。本判決では，この判断の当否は問題とされていない。

していたというのであり，Ａの本件における行為について具体的に予見可能であったなどの特別の事情があったこともうかがわれない。そうすると，本件の事実関係に照らせば，Ｙらは，民法714条1項の監督義務者としての義務を怠らなかったというべきである。」

> ⇩ **この判決が示したこと** ⇩
>
> 714条1項ただし書による親権者の免責において問題となる監督義務の内容・対象につき，詳しい判断を行い，責任能力を欠く未成年の子が第三者に損害を加えたにもかかわらず親権者が責任を負わない場合が実際にありうることを示した。

☝ 解説

Ⅰ．監督義務者責任とは

　民法714条1項は，責任無能力者が第三者に損害を加えた場合に，その者を監督する法律上の義務を負う者（監督義務者）が損害賠償責任（監督義務者責任）を負うことを定める。責任無能力者とは，責任能力，つまり自分の行為によって法的責任が生じることを判断する能力がない者のことであり，具体的には，未成年者や精神上の障害を有する者が問題となる。責任能力がない未成年者や，精神上の障害によって責任能力がない状態にあった者は，自分の行為によって他人に損害が生じても，不法行為責任を負わない（712条・713条）。その代わり，その監督義務者が責任を負うとされているのである。[*2]

　未成年者に話を限定しよう。未成年者の監督義務者の典型例は「親権者」であり，具体的には，父母である（818条・819条）。[*3] 親権者が負う子の監護教育義務（820条）の中に，子が第三者に対して損害を生じさせないよう監督する義務が含まれると考えられるのが一般である。本判決で問題となったのも，未成年者の父母の責任であった。責任能力は，だいたい12歳前後（小学校卒業程度）で備わるとされる。満11歳のＡはなお責任無能力者であるという判断を前提に，親権者であるＹらの監督義務者責任[*4]が問われたのである。

　もっとも，親権者は，未成年の子が第三者に損害を生じさせれば必ず責任を負うというわけではない。714条1項は，そのただし書で，「監督義務者がその義務を怠らなかったとき」には，監督義務者は責任を負わないとする。監督義務をきちんと果たしていたことを主張立証すれば，親権者は責任を負わない（免責される）のである。このように，714条1項の責任は，あくまで監督義務違反という過失に基づく責任を定めたものであり，「過失がなければ責任を負わない」という過失責任原則に沿ったものである。ただ，その主張立証責任が，709条の場合とは違い，被害者ではなく（責任を追及される）親権者に課されている（その意味で「重い」責任である）点に特徴がある。

　問題は，どのような場合であれば，親権者は監督義務を果たしていたといえるである。ひとくちに「監督義務」といっても，どのような場合に，どのような監督が行

---

*2｜代理監督者

責任無能力者の監督が他の者に任されていた場合は，監督義務者だけでなく，監督を任された者も責任を負う可能性がある（714条2項）。代理監督者（代理監督者責任）という。未成年者を預けられた幼稚園や小学校等（の責任）が，これにあたる。

*3｜親権者がいない場合

親権者がいない場合には，未成年後見人（857条）や児童福祉施設の長（児童福祉法47条）が監督義務者であるとされる。

*4｜未成年者に責任能力がある場合

加害行為をした未成年者に責任能力があると判断された場合でも，親権者の責任がまったく認められないというわけではない。その場合には，709条に基づいて，監督義務違反による責任が認められることがある（最判昭和49・3・22民集28巻2号347頁）。714条1項に基づく責任との違いは，監督義務違反（過失）の主張立証責任を誰が負うかにある（709条の場合は被害者，714条1項の場合は監督義務者）。

106

われなければならないかが問われるのである。これについて詳しい判断を示した点に，本判決の意義がある。

Ⅱ．本判決の判断

本判決は，まず，親権者は，「直接的な監視下にない子の行動」につき，「人身に危険が及ばないよう注意して行動するよう日頃から指導監督する義務」を負うとする。監督義務の具体的内容として，子が第三者に危険をもたらすのを防止する義務，しかも，人身一般への危険をもたらさないようにするための日頃からの指導監督という，抽象的・包括的な義務が想定されていることに注目しよう。

では，親権者は，子のいかなる行為について，監督をしておく必要があるのか。本判決は，「通常は人身に及ぶものとはみられない行為」（からたまたま生じる結果）についてまで想定する必要はないとする。「本件ゴールに向けたフリーキックの練習」は，まさにそうした行為である。本判決が判旨で挙げる①〜④の事情はこれにかかわる。たしかに学校脇の道路の通行人に対する危険はあるとしても（①），通常の方法で校庭を使用している限り（②），ボールが出て通行人に損害を与えることは通常はない（③）。わざと道路に出るように蹴ったら別だが，そうした事情はそもそもない（④）。したがって，Ｙら（「通常のしつけ」をしていた）に監督義務違反は認められない。

ただし，「当該行為について具体的に予見可能であるなど特別の事情」がある場合は別である。「本件ゴールに向けたフリーキックの練習」が通行人との関係で危険性を有する行為であることはたしかであるところ，当該行為をＹらが具体的に予見できたのであれば，本件ゴールに向けてではなく他の場所でボールを蹴るよう指導したりするなどの監督が必要となる。しかし，Ｙらにそうした事情はなかった。

本判決は，いかなるケースにも適用可能な公式を示すものではないことには注意が必要である（たとえば，「通常は人身に危険が及ぶものとはみられない行為」でない行為についてどのような日頃からの指導監督をすべきかは，判断されていない）。ただ，そうであるとしても，最高裁が親権者の免責を具体的事例で正面から認めたことは意義深い。[5]実は，本判決以前の下級審判決は，714条1項ただし書による免責をほとんど認めていなかった。そこで想定されていた親権者の義務は本判決のそれと大きく違わないが，本判決は，「行為の通常の危険性」に注目して，抽象的・包括的な監督義務であっても監督の対象とはならない（より具体的な文脈での監督の対象にのみなりうる）場合があることを示したのである。

Ⅲ．さらなる問題

本判決は，親権者の責任の構造をどう捉えるかに深くかかわる。直接の加害者である子の行為の危険性に応じて監督義務の内容・対象を変えるという本判決の発想は，法益侵害の危険にどのように対処すべきかという観点に立つ点で，過失責任一般にみられる考え方を応用したものである。いうまでもなく，どのような場合にどのような監督義務が課されるかを具体化していくことが課題となる。

他方において，親権者の免責をほとんど認めない従来の下級審判例に賛成して，本

＊5｜本判決以前の最高裁判決

①最判昭和37・2・27民集16巻2号407頁：小学校の構内で鬼ごっこをしていた際に児童がけがをした事例につき，加害児童の行為には違法性阻却事由があるとして親権者の責任を否定したが，その論理は不明確であった。
②最判平成7・1・24民集49巻1号25頁：未成年の子による失火の場合，失火責任法にいう重過失は（その未成年者ではなく）親権者について判断すべきだとしたものであるが，その際，「未成年者の行為の態様」を「監督義務者の責任の有無の判断に際して斟酌する」可能性に触れていた。

判決に疑問を示す見解もある。ただし，この見解も，無制限に責任を認めるわけではない。子の加害行為が不法行為の要件をみたすことが必要であるとし，本判決が判旨の①〜④で挙げた事情は，「（Ｙらの過失ではなくむしろ）Ａの過失が認められない（したがってＹらの責任は認められない）」とするために用いられるべきであったとする。この見解では，責任無能力者の過失がどのように判断されるかを明らかにすることが課題となる（子どもであるがゆえに過失はあまり認められないとすれば，責任が成立する範囲は狭くなる）。

　実は，こうした問題の図式は，使用者責任にもみられるし，同じ監督義務者責任でも，精神上の障害を有する者の事例ではさらに難しいかたちであらわれる。認知症高齢者が生じさせた鉄道事故についての家族（妻・息子）の責任が問われた事件（最判平成28・3・1民集70巻3号681頁〔百選Ⅱ-83〕）は，「監督義務とは何か」「監督義務者とは何か」のみならず，「責任無能力者自身が責任を負うべきではないのか」「認知症高齢者が生じさせた損害はどのようなしくみで塡補されるべきか」といった，（不法行為法の解釈論を超えた）法制度全体の（再）設計に関する議論を呼んでいる。ぜひチャレンジしてみてほしい。

28 使用者責任──暴力団組長の責任

最高裁平成16年11月12日判決（民集58巻8号2078頁）

事案をみてみよう

Yは，指定暴力団A組の組長[*1]である。A組は，組長Yと親子，兄弟の擬制的血縁関係を結んだ組員から成る1

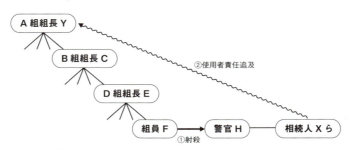

次組織，1次組織の組員が組長として同様の擬制的血縁関係を結んだ組員から成る2次組織，同様に2次組織の組員が組長となる3次組織というかたちで，Yを頂点とする5次組織までのピラミッド型の階層的組織を形成している。

3次組織D組の組員Fは，A組と対立する指定暴力団P組の傘下にあるQ組との抗争中に警戒配備されていた警官Hを誤って射殺した。Hの相続人Xらは，Yに対して715条に基づき使用者責任を追及した。

*1 | **指定暴力団**
都道府県公安委員会は，ある暴力団が，暴力団員による不当な行為の防止等に関する法律（以下「暴対法」とする）3条の要件をみたすと，その暴力団員が集団的にまたは常習的に暴力的不法行為等を行うことを助長するおそれが大きい暴力団として指定を行う。指定がなされると，暴力団員の行う暴力的要求行為等について必要な規制を行う，暴力団の対立抗争等による市民生活に対する危険を防止するために必要な措置を講ずるなど，暴対法の規定に基づいた措置をとることができる。

✓ 読み解きポイント

① 1次組織の組長Yと3次組織の組員Fとの間に，使用者と被用者との間の使用関係の存在を認めることができるのか。
② Fの行った殺傷行為は，「事業の執行について」なされたものであるといえるのか。

判決文を読んでみよう

①について，最高裁は，(i) A組は，下部組織の構成員に対しても，A組の威力を利用して資金獲得活動をすることを容認していたこと，(ii) それぞれの組織の組長が構成員から上納金を受け取る仕組みになっていたために，資金獲得活動による収益はYに取り込まれていたこと，(iii) Yはピラミッド型組織を有するA組の頂点に立ち，Yの意向が末端組織の構成員にまで伝達徹底される体制がとられていたことを指摘したうえで，「以上の諸点に照らすと，Yは，A組の下部組織の構成員を，その直接間接の指揮監督の下，A組の威力を利用しての資金獲得活動に係る事業に従事させていたということができるから，YとA組の下部組織の構成員との間には，同事業につき，

民法715条1項所定の使用者と被用者の関係が成立していたと解するのが相当である」と判示した。

②について、最高裁は以下のように述べる。「上記の諸点及び〔1〕暴力団にとって、縄張や威力、威信の維持は、その資金獲得活動に不可欠のものであるから、他の暴力団との間に緊張対立が生じたときには、これに対する組織的対応として暴力行為を伴った対立抗争が生ずることが不可避であること、〔2〕A組においては、下部組織を含むA組の構成員全体を対象とする慶弔規定を設け、他の暴力団との対立抗争に参加して服役した者のうち功績のあった者を表彰するなど、その資金獲得活動に伴い発生する対立抗争における暴力行為を賞揚していたことに照らすと、A組の下部組織における対立抗争においてその構成員がした殺傷行為は、A組の威力を利用しての資金獲得活動に係る事業の執行と密接に関連する行為というべきであり、A組の下部組織の構成員がした殺傷行為について、Yは、民法715条1項による使用者責任を負うものと解するのが相当である。」

↓ この判決が示したこと ↓

① 1次組織の組長Yと3次組織の組員Fとの関係について、「Yは、A組の下部組織の構成員を、その直接間接の指揮監督の下、A組の威力を利用しての資金獲得活動に係る事業に従事させていた」として、使用者と被用者との間の使用関係の存在を認めた。

② Yが従事させていた事業を「A組の威力を利用しての資金獲得活動に係る事業」ととらえ、A組の下部組織における対立抗争においてその構成員がした殺傷行為は、A組の威力を利用しての資金獲得活動に係る「事業の執行と密接に関連する行為」であり、Yに使用者責任が成立すると判示した。

解説

I. 組長訴訟とは

暴力団組員が、組織の活動として不法行為を行った場合、被害者はもちろん加害者たる組員に対して、709条に基づき損害賠償請求をすることができる。しかし、その組員自身に対する損害賠償訴訟に勝訴しても、組員に十分な財産がない場合には被害者は救済を得られない場合もある。また、暴力団に法人格がないために、暴力団そのものを被告とすることもできない。そこで、組長に対して、損害賠償責任を追及する訴訟(「組長訴訟」と呼ばれる)が現れるに至った。その場合、719条の共同不法行為責任を追及することが考えられるが、719条の責任を問う場合、被害者は、組長自身も709条の損害賠償の要件をみたしていることを証明しなければならない。しかし、組長が個々の暴力行為に関与していたことの証明は容易ではない。そこで、組長自身に不法行為責任の成立を証明する必要がない、715条の使用者責任に基づく賠償請求訴訟が提起されるに至っている。[*2]

---

*2 | 暴対法による保護

現在では、指定暴力団の抗争行為により、あるいは威力利用資金獲得行為により他人の生命、身体または財産を侵害した場合、指定暴力団の代表者に対する損害賠償責任を認める規定が設けられている(暴対法31条、31条の2)。

Ⅱ. 使用者と被用者との間の使用関係の存在

　まず，1次組織の組長Yと3次組織の組員Fとの関係に，使用者と被用者の間の使用関係を認めることができるのかが問題となる。715条でいう「使用関係」は，実質的な指揮監督の関係であると解されている。事実上の指揮監督関係があればよく，雇用契約の存在は必須の要件ではない。また，この関係が一時的であるか，継続的であるかも問わない（最判昭和56・11・27民集35巻8号1271頁は，兄が弟に車で迎えに来させた場合も使用関係ありとしている）。本判決では，(i)A組が下部組織に対しその威力を利用して資金獲得活動をすることを容認していたこと，(ii)それぞれの組織の組長が構成員から上納金を受け取る仕組みになっていたために，資金獲得活動による収益はYに取り込まれていたこと，(iii)Yはピラミッド型組織を有するA組の頂点に立ち，Yの意向が末端組織の構成員にまで伝達徹底される体制がとられていたことという3点を指摘して，資金獲得活動に係る事業について，YとA組の下部組織の構成員との間に使用者と被用者の関係があったことを認めている。

Ⅲ. 事業執行性

1 ▸▸ 抗争行為が事業といえるか

　次に，Fによる殺傷行為が，「事業の執行について」行われたものであるかが問題となるが，本判決では，その前提として，D組の行った抗争行為がYが従事させていた事業であるといえるかが問題となった。というのも，本判決以前の下級審裁判例では，そもそも人を殺傷するような不法行為を行うことを目的とする活動を「事業」ということはできないとするものも出ていたからである（たとえば，福岡高那覇支判平成9・12・9判時1636号68頁）。本判決は，この点について，「A組の威力を利用しての資金獲得活動に係る事業」と述べている。すなわち，「威力を利用」することを「資金獲得活動」と結び付けており，抗争行為自体を事業とはしていない。もっとも，学説には抗争行為自体を事業と認定することができるとする立場も有力であり，本判決に付された北川弘治裁判官の補足意見もそのような立場をとっている。[*3]

2 ▸▸ 殺傷行為は「事業の執行について」行われたものであるか

　715条は，被用者の行為が「事業の執行について」なされたものであることを要求している（この要件を「事業執行性」と呼ぶ）。事業執行性を要求することにより被用者の行為と事業との間に一定の関連性を要求するのは，事業活動に伴うリスクでなければ使用者に責任を負わせることを正当化できないからである。とはいえ，判例の事業執行性の判断の仕方は，事案類型により様々である。たとえば，銀行員が「有利な利率の定期預金にしてあげる」と述べて，被害者から金銭を預かり，自ら費消した場合のような取引的不法行為の事案では，「事業の執行について」とは「被用者の職務執行行為そのものには属しないが，その行為の外形から観察して，あたかも被用者の職務の範囲内の行為に属するものとみられる場合をも包含する」（最判昭和40・11・30民集19巻8号2049頁）と解されている。この基準を，「外形理論（外形標準説）」と呼んでいる。外形理論は，取引とは関係ない場面（「事実的不法行為」という）でも用いられている。たとえば，被用者が使用者の自動車を私用で運転中に事故を起こしたような

*3 ｜ 北川弘治裁判官の補足意見

「この対立抗争において，自己の組織の威力，威信を維持しなければ，組織の自壊を招きかねないことからすれば，対立抗争行為自体を暴力団組長の事業そのものとみることも可能である。」

事例でも，外形理論に基づき使用者責任を認めている（最判昭和39・2・4民集18巻2号252頁）。外形理論は，被用者の主観とは関係なく，客観的に職務と関連があるか否かを判断する枠組みとして用いられている。

　これに対して，本判決では，外形理論は用いられていない。その代わり，Ｆの殺傷行為は「事業の執行と密接に関連する行為」であるとして事業執行性を認めている。この「密接に関連」するという概念も，これまで事業執行性を認める判例において用いられてきたものである。たとえば，最判昭和44・11・18民集23巻11号2079頁は，水道工事に従事する被用者同士でけんかとなり暴行を加えた事案で，使用者の「事業の執行行為を契機とし，これと密接な関連を有すると認められる行為によって加えた」侵害であるとして事業執行性を認めている。もっとも学説は，昭和44年判決と本判決とでは「密接に関連」するという概念の用い方が違うという指摘をするものが少なくない。昭和44年判決は，暴行自体は職務と結び付けられないために，危険が生じる「場」を使用者が設定したことに使用者責任を認める根拠を求めているといえる。これに対し，本判決の事案における事業の内容は「Ａ組の威力を利用しての資金獲得活動」である。被用者の職務の内容（威力を利用した資金獲得活動）と被用者が行った行為（抗争に伴う殺傷行為）との間に客観的な関連性を見出すことが可能な事案で，これまで職務と被用者の行為の客観的関連性を認めるのが難しい事案に用いられてきた「密接に関連」するという文言が用いられている点に，本判決の特徴がある。

29	# 土地工作物責任 ──瑕疵の判断基準

井の頭線踏切事件

最高裁昭和46年4月23日判決（民集25巻3号351頁）

事案をみてみよう

　3歳のAは，踏切をひとりで横断しようとして，Y鉄道会社の電車に衝突されて死亡した。事故現場の踏切は，無人で，カーブと人家により，見通しが悪い場所であった。この踏切には，停止線や「でんしゃにちゅうい」などの警標があったものの，遮断機・警報機などの保安設備はなかった。Aの両親であるXらが，Yに対し損害賠償を求めて訴えを提起した。

　第一審におけるXらの損害賠償請求の根拠は，709条であった。裁判所は，行政監督指導上の規準などに照らし，Yに保安設備の設置までは当然には義務づけられておらず，717条による請求としてなら別であるが，Yに過失はないので709条による請求は認められないとした。[*1]

　控訴審は，717条1項によるYの責任について，保安設備は踏切と一体をなす工作物であり，過去に数度の接触事故も生じていた現場の見通しの悪さなどを考慮すれば，保安設備を欠いていたことは，土地工作物の設置に瑕疵があったと認められるとして，Xの請求を認容した。

☑ 読み解きポイント

　土地の工作物の設置または保存に瑕疵があるか否かは，どのように判断されるのだろうか。

判決文を読んでみよう

　「列車運行のための専用軌道と道路との交差するところに設けられる踏切道は，本来列車運行の確保と道路交通の安全とを調整するために存するものであるから，必要な保安のための施設が設けられてはじめて踏切道の機能を果たすことができるものというべく，したがって，土地の工作物たる踏切道の軌道施設[*2]は，保安設備と併せ一体としてこれを考察すべきであり，もしあるべき保安設備を欠く場合には，土地の工作物たる軌道施設の設置に瑕疵があるものとして，民法717条所定の帰責原因となるものといわなければならない。」

　「踏切道における軌道施設に保安設備を欠くことをもって，工作物としての軌道施設の設置に瑕疵があるというべきか否かは，当該踏切道における見通しの良否，交通量，列車回数等の具体的状況を基礎として，[*3]前示のような踏切道設置の趣旨を充たす

---

*1｜709条と717条

709条に基づき損害賠償請求をする場合，被害者は，加害者の故意または過失を証明する必要がある。717条1項本文に基づく場合には，被害者は，土地の工作物の設置または保存に瑕疵があることを証明すればよい。

*2｜軌道施設

軌道施設とは，道路に敷設されているレールなどのことをさす。

*3｜事故現場の具体的状況

本件事故現場の見通しの悪さは，所定の速度で踏切を通過しようとする上り電車の運転者が，踏切上にある歩行者を最遠距離において発見し，ただちに急停車の措置をとっても，電車が停止するのは踏切をこえる地点になるというものであった。また，事故当時における本件踏切道の交通量は，1日700人程度，1日の列車回数は504回という状況が認定された。このような具体的な状況に基づき，警報機などを設置するのでなければ，踏切道としての本来の機能を全うしうる状況ではなかったと評価されている。

113

に足りる状況にあるかどうかという観点から，定められなければならない。そして，保安設備を欠くことにより，その踏切道における列車運行の確保と道路交通の安全との調整が全うされず，列車と横断しようとする人車との接触による事故を生ずる危険が少くない状況にあるとすれば，踏切道における軌道施設として本来具えるべき設備を欠き，踏切道としての機能が果されていないものというべきであるから，かかる軌道設備には，設置上の瑕疵があるものといわなければならない。」

⇩ **この判決が示したこと** ⇩

　土地の工作物である踏切道の軌道施設に瑕疵があるか否かは，遮断機・警報機などの保安設備と一体として考察するべきである。そして，その瑕疵の有無は，具体的状況を基礎として，踏切道としての機能を果たすことができる状況にあるかどうかという観点から判断されるべきであるとした。

☞ 解説

I．土地の工作物の責任とは

　717条1項本文によれば，土地工作物責任の成立要件は，①土地の工作物について，②その設置または保存に瑕疵があり，③瑕疵と損害との間に因果関係があること，である。そして，717条1項ただし書きによれば，占有者は無過失を証明することで責任を免れるが，その場合には所有者が責任を負い，所有者に免責規定はない[*4]。709条と比較して，一般的に，占有者の責任は過失の証明責任が転換された中間責任，所有者の責任は，無過失責任（「瑕疵」を要件とするので厳密には瑕疵責任）と説明される。

　なぜ，所有者は厳しい責任を負わされるのだろうか。無過失（瑕疵）責任の正当化根拠については，危険責任（危険源の作出・維持者が責任を負う）という考え方が挙げられることが多い。近時は，土地の工作物すべてに特別の危険があるわけではないので，安全性に対する正当な期待の保護という考え方を正当化根拠として挙げる見解も登場している。

II．土地の工作物

　「土地の工作物」に該当するか否かは，(i)土地に接着していること，かつ(ii)人工的な作業を経ていること，という観点から判断されてきた。(i)(ii)ともに，比較的緩やかに解釈されている。たとえば，送電線，エレベーター・エスカレーター，工場内旋盤など直接には土地に接着していない設備も，電柱や建物など土地に接着しているものと一体性があれば，土地の工作物であると認定される。また，ゲレンデ，ゴルフコースなど自然の地形を利用しているものも，人工的作業が加わっていれば，土地の工作物と認められる。

　本件の軌道施設が，土地工作物であることに異論はない。本件で問題となったのは，遮断機・警報機などの保安設備が設置されてないことが，軌道施設の瑕疵といえるかである。

＊4｜占有者と所有者
占有者とは，工作物を事実上支配している者であり，所有者とは，工作物の所有権を有している者をいう。本件のYは，軌道施設について占有者かつ所有者である。

Ⅲ．設置または保存の瑕疵

通説は，設置または保存の瑕疵を，その工作物が通常備えるべき安全性を欠いていることと定義している。[5] そして，本判決は，瑕疵を判断するとき，工作物の性状における物理的欠陥のみを把握するのではなく，工作物の機能との関係で判断するべきとした。このような機能的瑕疵を717条1項本文の土地の工作物の瑕疵と認めた点に，本判決の重要な意義がある。瑕疵の有無を判断するに際し，踏切道に穴があいているなどの物理的な欠陥のみならず，安全な通行を確保するために踏切としての機能を果たすことのできる保安設備を備えているかどうかという機能を問題としたということである。[6]

瑕疵の判断に際して，客観的に安全性が欠如した状態か否かに着目する通説は客観説と呼ばれる。これに対し，瑕疵を占有者や所有者の行為義務違反ととらえることによって，工作物に物理的欠陥がなくても，占有者などが安全を確保する適切な措置をとらなかったことをもって瑕疵の存在を広く肯定できるという義務違反説がある。しかし，先に述べたとおり，判例・通説によっても，瑕疵は単なる物理的欠陥とはとらえられていない。安全に関し本来有するべき機能を果たしているか否かという機能的瑕疵が問題とされ，危険を回避する設備などの有無が考慮されているのである。

なお，通常備えるべき安全性を確保するために，具体的に必要な設備の程度は，現場の具体的状況に左右される。本件事故現場は，非常に見通しが悪く，かつ交通量も多いため，実際に過去に数度の接触事故も生じていた。このような具体的な事情から，警報機などの保安設備がないことをもって，軌道施設の設置における瑕疵と判断されたのである。

＊5｜通常備えるべき安全性

通常予想される危険に対する安全性の有無が問題とされるので，異常な自然力や異常行動に対する安全性まで備える必要はない。

＊6｜機能的瑕疵の例

工作物責任と類似する公の営造物の設置管理の瑕疵に基づく責任（国家賠償法2条）に関してではあるが，交差点において信号機が歩行者から見にくい位置に設置されていた場合に，当該信号機は本来具備すべき安全機能を欠いており，信号機の設置に瑕疵があったとする判決がある（最判昭和48・2・16民集27巻1号99頁）。

30 共同不法行為
——交通事故と医療事故の競合

最高裁平成13年3月13日判決（民集55巻2号328頁） ▶百選Ⅱ-87

 事案をみてみよう

　A（当時満6歳7か月）は，自転車を運転し，交差点に進入したところ，Z_1の運転する自動車に接触し，転倒した。この事故は，Z_1の過失によって生じたものである一方，Aにも一時停止義務違反などの過失があり，Z_1とAの過失割合は7：3であった。

　Aは直ちに救急車でB病院に搬送され，院長である医師Cの診察を受けた。Cは，Aの意識が清明で外観上は異常が認められなかったことなどから，「何か変わったことがあれば来るように」との一般的な指示をしただけで，Aを，付き添いの母親X_1とともに帰宅させた。しかしAは，その日の深夜にいたって容体が急変し，救急搬送先のD病院で死亡が確認された。実はAは，本件交通事故に起因して硬膜外血腫[*1]を起こしており，Cにはこれを見落として適切な治療・説明を怠った過失があった。他方，Aの両親であるXらにも，Aの経過の観察に過失があったとされ，CとXらの過失割合は9：1とされている（A本人でなくXらの過失が考慮されるのは，「被害者側の過失」と呼ばれる法理によるものである。〔判例26〕の「Ⅳ. 被害者側の過失」〔p.101〕を参照）。

　Xらは，Cが役員を務める医療法人Y[*2]を相手として，Cの起こした本件医療事故によってAに生じた損害を相続するとともに，Xら自身も精神的損害をこうむったとして，これらの損害の賠償を求めて提訴した。なお訴訟には，Z_1およびZ_1の使用者であるZ_2社が補助参加（民事訴訟法42条）している。

　控訴審は，弁護士費用（180万円）を除く損害を全部で4078万円（金額はすべて万円以下を切り捨てた概数で示す。以下も同様である）と判示した。そのうえで，①本件交通事故と本件医療事故の寄与度が，それぞれ5割であると推認して，Yの賠償するべき損害額はこれに応じて2039万円の部分であると計算したうえで，②本件医療事故における被害者側の過失1割を過失相殺して算出した1835万円という金額に，③弁護士費用180万円を加えて，④Xらがそれぞれ2分の1ずつ相続したとして，それぞれ1007万円の損害賠償請求権をもつと判示した。

　Xらが上告・上告受理申立てを行った。

✓ **読み解きポイント**

① 複数の不法行為が順次競合して被害者が死亡した場合，それぞれの事故の加害者は，損害の全額について責任を負うのか，それとも事故発生に対する自己の寄与度に応じた部分についてのみ損害賠償責任を負うのか。

---

*1 | **硬膜外血腫**
脳を包む硬膜の外側，頭蓋骨の内側で出血が起こり，血液がたまること。当初は意識が清明な期間が存するが，放置すれば，その後，頭痛，嘔吐，傾眠，意識障害といった経過をたどり，たまった血液が脳を圧迫することで脳障害を起こし，死に至る（かりに救命できても重い後遺障害が残る）恐れが高い。他方で，早期に開頭手術を行い，血腫を除去すれば，救命可能性も高く，予後は良いとされている。

*2 | **法人の代表者の行為についての法人の損害賠償責任**
本判決当時の民法44条1項（一般社団法人及び一般財団法人に関する法律制定に伴う改正〔平成18年法律第50号〕が行われる前のもの）は，法人の代表者が，その職務を行うにつき他人に損害を加えた場合には，法人も損害賠償責任を負う旨を定めている。現在では，一般社団法人及び一般財団法人に関する法律78条が同旨を定め，医療法人については医療法46条の6の4が同条を準用している。

116

② 各事故で加害者と被害者の間の過失割合が異なるときに，過失相殺はどのように行われるべきか。

📖 判決文を読んでみよう

(1) 「原審の確定した事実関係によれば，本件交通事故により，A は放置すれば死亡するに至る傷害を負ったものの，事故後搬入された B 病院において，A に対し通常期待されるべき適切な経過観察がされるなどして脳内出血が早期に発見され適切な治療が施されていれば，高度の蓋然性をもって A を救命できたということができるから，本件交通事故と本件医療事故とのいずれもが，A の死亡という不可分の一個の結果を招来し，この結果について相当因果関係を有する関係にある[*3]。したがって，本件交通事故における運転行為と本件医療事故における医療行為とは民法 719 条所定の共同不法行為に当たるから，各不法行為者は被害者の被った損害の全額について連帯して責任を負うべきものである。本件のようにそれぞれ独立して成立する複数の不法行為が順次競合した共同不法行為においても別異に解する理由はないから，〔原判決のように：引用者注〕被害者との関係においては，各不法行為者の結果発生に対する寄与の割合をもって被害者の被った損害の額を案分し，各不法行為者において責任を負うべき損害額を限定することは許されないと解するのが相当である。」

(2) 「本件は，本件交通事故と本件医療事故という加害者及び侵害行為を異にする二つの不法行為が順次競合した共同不法行為であり，各不法行為については加害者及び被害者の過失の内容も別異の性質を有するものである。ところで，過失相殺は不法行為により生じた損害について加害者と被害者との間においてそれぞれの過失の割合を基準にして相対的な負担の公平を図る制度であるから，本件のような共同不法行為においても，過失相殺は各不法行為の加害者と被害者との間の過失の割合に応じてすべきものであり，他の不法行為者と被害者との間における過失の割合をしん酌して過失相殺をすることは許されない。」

　以上を前提に，最高裁は，本件において Y の負担すべき損害額は，①A の死亡による X らの損害の全額（弁護士費用を除く）である 4078 万円について，②被害者側の過失を 1 割として過失相殺による減額をした 3670 万円から，③Z_2 から葬儀費用として支払を受けた 50 万円を控除し，④これに弁護士費用相当額 180 万円を加算した 3800 万円となるとした。そして，X ら各自の請求できる損害額は，この 2 分の 1 である 1900 万円となると判示した。

⬇ この判決が示したこと ⬇

① 複数の不法行為（ここでは交通事故と医療事故）が順次競合して被害者が死亡した場合について，いずれの事故についても，被害者の死亡という結果について相当因果関係を有するときには，各不法行為者は被害者の被った損害の全額に

*3｜本判決の射程

このように見てくると，本判決においては，各不法行為のいずれもが，生じた損害と相当因果関係のあるケースであるということが意味を持っている。したがって，これとは異なり，複数の不法行為の一方について生じた損害との相当因果関係を認めることが難しい事案，たとえば①交通事故によって被害者が受けた傷害は死に至るようなものではなかったが，運び込まれた病院での医療事故（たとえば血液型の異なる血液を輸血された）により死亡したような場合や，②逆に交通事故によって被害者が瀕死の重傷を負っていたところ，搬送された病院において些細な医療事故があり，その後に被害者が死亡したような場合については，本判決の射程は及んでおらず，さらに別の検討が必要である。

ついて連帯して責任を負うとされた。控訴審判決が，各不法行為の寄与度（控訴審は交通事故と医療事故の寄与度は5:5と推認されるとしていた）に応じて，賠償責任が分割されるとした点を不当としたものである。

② 複数の不法行為が順次競合して被害者が死亡した場合において，各不法行為について被害者の過失が競合しているときには，各加害者の賠償責任の額は，当該加害者と被害者の間の過失割合に応じて過失相殺を行って定めるべきだとされた。

👉 解説

I. 「共同不法行為」の制度趣旨

　民法719条の定める共同不法行為については，その制度趣旨についてすら一致した見解を見出せないほどに，判例・学説が混迷している。

　学説の多くは，「共同不法行為」という制度は，複数の加害者の「行為が共同している」ことを要件として，個々の加害者は，自己の行為から被害者に生じた損害だけではなく，共同の行為から生じた損害の全部について連帯して責任を負わせる制度であり，その点で，民法709条の定める一般不法行為の要件（中でも因果関係の要件）を修正しているものと理解する。そのうえで，「行為が共同している」というための要件について，共謀などのような「主観的関連共同」を要求するか，より広く「客観的関連共同」で足りるとするか（さらにそれぞれの判断基準をどのように定めるか）について見解が分かれている。いずれにしろ，こうした考えを前提にすれば，本件のようなケースは共同不法行為には当たらない（たまたま複数の不法行為が競合しただけという意味で，「競合的不法行為」と呼ぶ）。いずれの不法行為も全損害について因果関係を有しているので，民法709条の要件を修正することなく，各加害者に全損害について責任を負わせることができるからである。[*4]

　しかし本判決を含めて判例は，共同不法行為と競合的不法行為を区別せず，いずれも民法719条の「共同不法行為」にあたるとしている。すなわち，「共同不法行為」は，不法行為の成立要件に修正を加えるためにあるのではなく，競合する複数の不法行為の加害者が連帯して損害賠償責任を負うこと，あるいは単に，複数の不法行為が存在していることを示すだけの用語だということになる。

II. 全額（連帯）責任か分割責任か

　本件における控訴審判決と本判決も，共同不法行為と競合的不法行為を分けない立場をとり，本件において「共同不法行為」が成立するとした。そのうえで，控訴審判決は，複数の不法行為の加害者の責任を，自己の寄与した度合いに応じて分割するとしたのに対して，本判決は，そうした分割を認めずに，被害者に生じた損害の全額について連帯して責任を負うとした点で違いがある。

　控訴審判決も，共同不法行為で原則となるのは，全額について連帯して責任を負うことだとしている。しかしそのうえで，①「個々の不法行為が当該事故の全体の一部

---

*4｜損害賠償責任の連帯

共同不法行為の加害者は連帯して損害賠償責任を負う。その意味は，たとえば1000万円の損害賠償責任を加害者ABが被害者Cに対して連帯して負うというときであれば，①AもBも1000万円の全額を支払う義務をCに対して負っており（500万円ずつの分割債権になるわけではない），②CはABのいずれか一方に対して請求することも，同時または順次にABに請求することもでき（436条〔改正前432条〕），③ただしCはABから合計で1000万円までしか弁済を受けることができない。さらに④各加害者は，被害者に対して（全部または一部の）賠償をすると，各事故の寄与度に応じて定められる負担割合に従って，他方の加害者に対して求償することができる（442条）。

を時間的前後関係において構成し」，②「その行為類型が異なり，行為の本質や過失構造が異なり」，そして③「共同不法行為とされる各不法行為につき，その一方又は双方に被害者側の過失相殺事由が存する場合」に，各不法行為者の負担する損害賠償額は，各不法行為の寄与度に応じた分割責任になると判示した。過失相殺は，各不法行為者ごとに被害者との間の過失割合を考慮して，この寄与度に応じて分割された賠償額から減額することで行うことになる。

　これに対して本判決は，いずれの不法行為も死亡という結果との間に相当因果関係があるから，損害賠償責任を分割して，加害者が全額の賠償責任を免れるのは不当であるとした。その理由は，「共同不法行為者のいずれからも全額の損害賠償を受けられるとしている民法719条の明文に反し，これにより被害者保護を図る同条の趣旨を没却することとなり，損害の負担について公平の理念に反することとなるから」と説明されている。確かに，医療事故について，運び込まれた患者が傷害を負ったのが，たまたま他人の不法行為によるものであった（そこに被害者の過失も関与していた）というだけの理由で，被害者に対する賠償責任が分割責任として軽減されるとしたら，それは不当だといえるだろう。

Ⅲ． 過失相殺の方法

　本件でさらに問題となったのは，過失相殺をどのように行うかである。本件では，各事故ごとに被害者の過失割合が異なっている（交通事故について加害者と被害者の過失割合が7：3，医療事故について加害者と被害者側の過失割合が9：1と認定されている）。こうした場合の過失相殺の方法について，控訴審判決では，前述の通り，各不法行為ごとに損害発生に対する寄与度を定め，それに従って各不法行為者ごとに損害賠償責任を分割するという立場を前提として，その分割された損害賠償額に過失割合を掛け算することで，過失相殺を行った（本件では，Z_1 の負う賠償額は X らそれぞれに 803 万円ずつ，Y の負う賠償額は X らそれぞれに 1007 万円ずつとなり，X らは 2 人で総額 3620 万円の賠償を受けることができる）。

　これに対して本判決は，各不法行為者は，もともと全額について責任を負うべきなのだから，損害賠償責任を分割して，加害者が全額の賠償責任を免れるのは不当であるとした。そして過失相殺は，損害の全額に対して，各不法行為者ごとの過失割合を掛け算して行うものとした。こうした過失相殺は，相対的過失割合に基づく過失相殺と呼ばれる。[*5]こうした過失相殺の方法によれば，各不法行為者は，異なる額の賠償責任を負う（本件であれば Z_1 の負う賠償額は X らそれぞれに 1492 万円ずつ，Y の負う賠償額は X らそれぞれに 1900 万円ずつ）こととなり，その重なり合う部分について連帯責任を負っていることとなる（X らは 2 人で総額 3800 万円の賠償を受けることができる）。

＊5｜絶対的過失割合

最判平成15・7・15民集57巻7号815頁は，本判決とは異なる事案について，絶対的過失割合に基づく過失相殺を行っている。本文で紹介した平成13年判決が交通事故と医療事故という「2つの事故」が競合した場合であるのに対して，平成15年判決は，ABC3台の車が関係する「1つの事故」といえる事案であった。最高裁は，「複数の加害者の過失及び被害者の過失が競合する一つの交通事故において，その交通事故の原因となったすべての過失の割合（以下「絶対的過失割合」という。）を認定することができるときには，絶対的過失割合に基づく被害者の過失による過失相殺をした損害賠償額について，加害者らは連帯して共同不法行為に基づく賠償責任を負うものと解すべきである」と判示した。そして，本件事故に対するABCの過失割合は1：4：1と認定され，Cの過失割合は全体の6分の1であるとして，AおよびBは，Cに生じた損害（581万円）から6分の1を差し引いた金額（484万円）について連帯して責任を負うとした。

119

Step Up — もう一歩先へ

特別法上の不法行為

1. 失火責任法（失火ノ責任ニ関スル法律）

民法施行から1年足らずで制定・施行された失火責任法は1か条のみから成り、失火（過失による火災）の場合には709条は適用されず、加害者は重過失の場合のみ責任を負うとする。日本には木造家屋が多く損害が莫大なものになりやすいこと等から、加害者の責任を限定する（通常の過失では責任を負わないとする）ものである。燃えにくい建物が普及した現在では不合理だと批判されるが、現在でも通用している法律である。

(1) 重過失の意味 重過失とは、「通常人に要求される程度の相当な注意をしないでも、わずかの注意さえすれば、たやすく違法有害な結果を予見することができた場合であるのに、漫然これを見すごしたような、ほとんど故意に近い著しい注意欠如の状態」をいう（最判昭和32・7・9民集11巻7号1203頁）。寝タバコの不始末やスイッチの入った暖房器具の放置等が典型である。

(2) 民法上の特殊不法行為との関係 失火責任法は、民法上の特殊不法行為と接点を生じる。第1に、責任無能力者による失火について監督義務者責任を問う場合、重過失は何を意味するか。失火についての責任無能力者の重過失ではなく、無能力者の監督についての監督義務者の重過失であるというのが判例である（最判平成7・1・24民集49巻1号25頁）。第2に、被用者による失火について使用者責任を問う場合、重過失は何を意味するか。判例は、被用者の重過失であるとする（最判昭和42・6・30民集21巻6号1526頁。使用者の選任・監督上の重過失ではない）。こうした違いは、監督義務者責任・使用者責任の構造（判例上、前者は過失責任、後者は代位責任として運用されている）に由来すると考えられる。

第3に、土地工作物の瑕疵が原因で火災が生じた場合、工作物の所有者・占有者の責任については、(i)失火責任法を適用する（重過失が要件となる）のか、(ii)717条を適用して失火責任法を排除する（瑕疵があれば足りる）のか（他にも様々な考え方がある）。古い判例（大判昭和7・4・11民集11巻609頁）は(i)を採用したが、その後の下級審判例では(ii)をとるものが見られる（東京高判平成3・11・26判時1408号82頁）。最高裁判例はないが、失火責任法の合理性や土地工作物責任の根拠にかかわる難問である。

2. 製造物責任法

1994年に成立した製造物責任法は、その3条で、製造物の欠陥により他人の生命・身体・財産が侵害された場合、製造業者等が損害賠償責任を負うことを規定した。これにより、製造物による事故（たとえばテレビの発火）の被害者は、製造業者等に対し、契約責任（直接の契約関係がなければ不可）や一般不法行為責任（過失の立証が必要）によることなく、責任追及できることになった。もっとも、問題は多い。

(1) 製造物の意味 製造物とは、「製造又は加工された動産」をいう（製造物責任法2条1項）。加工されていない動産は含まれないことになるが、飲食店で提供される料理など線引きが難しい場合もある。東京地判平成14・12・13判時1805号14頁は、イシガキダイの調理（刺身を冷水でしめる、兎焼きにする等）は「加工」にあたるとして、飲食店経営者に客の食中毒についての責任を負わせたが、そもそも「加工された動産」に限定したことへの立法論的批判もある。

(2) 欠陥の意味 製造物に「欠陥」があれば製造業者等の責任を問えるという点が、製造物責任法の最大の意義である。欠陥とは「当該製造物が通常有すべき安全性を欠いていること」を指すとされるが（同法2条2項）、土地工作物責任において「瑕疵」の意味が争われるのと同様（〔判例 **29**〕参照）、具体的内容は明確でない。

一般に、欠陥は、(i)製造上の欠陥、(ii)設計上の欠陥、(iii)指示・警告上の欠陥に分類されるが、(ii)や(iii)は設計や指示・警告という行為の適切さを問う点で過失に近いといわれる。最判平成25・4・12民集67巻4号899頁（百選II-86）は、抗がん剤の新薬を服用した患者が副作用により死亡した事案において、流通に置いた時点で予見しえた副作用に関する情報が添付文書に適切に記載されていない場合には、そのことを1つの要素として欠陥(iii)を認めうるとした（当該事案では否定）。予見可能性を考慮する点で過失の判断と近い。もっとも、どの程度の水準の知識を基準として予見可能性を判断するかは明らかにされていないところ、開発危険の抗弁（同法4条1号）と同様、入手可能な最高の科学・技術の水準の知識を基準とすることで、過失責任との違いを確保すべきであるという主張もなされる。

判例索引

大審院・最高裁判所

大連判明治36・12・22刑録9輯1843頁		64
大判大正3・7・4刑録20輯1360頁		79
大判大正3・12・26民録20輯1208頁		43
大判大正4・6・15民録21輯939頁		101
大判大正5・12・13民録22輯2417頁		43
大判大正5・12・22民録22輯2474頁	［判例**18**］	**72**
大判大正6・4・30民録23輯715頁		101
大判大正6・9・18民録23輯1342頁		54
大判大正8・10・20民録25輯1890頁		68
大判大正9・4・24民録26輯562頁		46
大判大正10・7・11民録27輯1378頁		29
大判大正10・11・22民録27輯1978頁		27
大判大正14・11・28民集4巻670頁	［判例**20**］	**78**
大連判大正15・5・22民集5巻386頁	［判例**24**］	**92**
大判昭和7・4・11民集11巻609頁		120
大判昭和7・7・19民集11巻1552頁		16
大判昭和10・10・1民集14巻1671頁		42
大判昭和11・6・30大審院判決全集3輯7号17頁		61
大判昭和15・7・11法律新聞4604号9頁		32
大判昭和18・12・22法律新聞4890号3頁		60
大判昭和19・12・6民集23巻613頁		9
最判昭和23・8・5刑集2巻9号1123頁		87
最判昭和28・9・25民集7巻9号979頁	［判例**09**］	**34**
最判昭和29・8・31民集8巻8号1557頁		63
最判昭和31・1・27民集10巻1号1頁		26
最判昭和31・5・15民集10巻5号496頁		40
最判昭和31・7・20民集10巻8号1059頁		90
最判昭和31・7・20民集10巻8号1079頁		99,101
最判昭和32・7・9民集11巻7号1203頁		120
最判昭和32・12・19民集11巻13号2278頁		50
最判昭和33・1・14民集12巻1号41頁		35
最判昭和33・6・14民集12巻9号1492頁		54
最判昭和33・7・22民集12巻12号1805頁		55
最判昭和34・11・26民集13巻12号1573頁		101
最判昭和35・9・16民集14巻11号2209頁		63
最判昭和36・2・16民集15巻2号244頁		76
最判昭和36・11・21民集15巻10号2507頁		12
最判昭和37・2・27民集16巻2号407頁		107

最判昭和37・4・26民集16巻4号1002頁		26
最判昭和37・5・4民集16巻5号1044頁		98
最判昭和38・4・23民集17巻3号536頁		39
最判昭和38・6・4民集17巻5号716頁		53
最判昭和39・2・4民集18巻2号252頁		112
最判昭和39・5・26民集18巻4号667頁		26
最大判昭和39・6・24民集18巻5号854頁	［判例**26**］	**99**
最判昭和39・6・24民集18巻5号874頁		98,102
最判昭和39・7・28民集18巻6号1220頁		36
最大判昭和40・3・17民集19巻2号453頁		33
最判昭和40・3・26民集19巻2号526頁		26
最大判昭和40・11・24民集19巻8号2019頁	［判例**04**］	**15**
最判昭和40・11・30民集19巻8号2049頁		111
最判昭和40・12・17集民81号561頁		45,47
最判昭和41・1・27民集20巻1号136頁		36
最大判昭和41・4・27民集20巻4号870頁	［判例**08**］	**30**
最判昭和41・6・23民集20巻5号1118頁		90
最判昭和41・10・7民集20巻8号1597頁		26
最判昭和42・3・31民集21巻2号475頁		68
最判昭和42・6・30民集21巻6号1526頁		120
最判昭和42・11・10民集21巻9号2352頁		89
最判昭和43・3・15民集22巻3号587頁	［判例**14**］	**52**
最判昭和43・8・20民集22巻8号1692頁		19
最判昭和43・9・3民集22巻9号1817頁		33
最判昭和43・9・3集民92号169頁		47
最判昭和43・9・20集民92号329頁		45,47
最判昭和44・2・28民集23巻2号525頁		101
最判昭和44・9・26民集23巻9号1727頁		64
最判昭和44・11・18民集23巻11号2079頁		112
最判昭和45・7・16民集24巻7号909頁		66
最判昭和45・7・24民集24巻7号1177頁		102
最大判昭和45・10・21民集24巻11号1560頁	［判例**16**］	**62**
最大判昭和45・11・11民集24巻12号1854頁		55
最判昭和45・12・18民集24巻13号2151頁		90
最判昭和46・4・23民集25巻3号351頁	［判例**29**］	**113**
最判昭和46・10・28民集25巻7号1069頁		64
最判昭和47・6・22民集26巻5号1051頁		33
最判昭和47・11・16民集26巻9号1633頁		90
最判昭和48・2・16民集27巻1号99頁		115
最判昭和48・6・7民集27巻6号681頁		94,95
最判昭和49・3・22民集28巻2号347頁		106

最判昭和49・7・19民集28巻5号872頁		98
最判昭和49・9・2民集28巻6号1152頁		13
最判昭和49・9・4民集28巻6号1169頁		27
最判昭和49・9・26民集28巻6号1243頁		59,68
最判昭和50・1・30民集29巻1号1頁		50
最判昭和50・10・24民集29巻9号1417頁	［判例**22**］	85
最判昭和51・2・13民集30巻1号1頁		27
最判昭和51・5・6民集30巻4号437頁		55
最判昭和51・7・8民集30巻7号689頁		104
最判昭和52・2・22民集31巻1号79頁		13
最判昭和53・10・20民集32巻7号1500頁		102
最判昭和53・11・30民集32巻8号1601頁		26
最判昭和54・1・25民集33巻1号26頁		43
最判昭和56・1・19民集35巻1号1頁	［判例**12**］	45
最判昭和56・11・27民集35巻8号1271頁		111
最判昭和56・12・22民集35巻9号1350頁	［判例**23**］	88
最判昭和57・1・21民集36巻1号71頁	［判例**05**］	18
最判昭和57・3・30判時1039号66頁		76
最判昭和58・1・20民集37巻1号1頁	［判例**10**］	37
最判昭和58・4・14判時1077号62頁		33
最判昭和58・9・20判時1100号55頁		47
最判昭和60・11・29民集39巻7号1719頁	［判例**07**］	24
最判昭和62・1・19民集41巻1号1頁	［判例**25**］	96
最判昭和62・4・24民集41巻3号490頁		90
最判昭和63・2・16民集42巻2号27頁		81
最大判昭和63・6・1民集42巻5号277頁		80
最判平成元・12・21民集43巻12号2252頁		90
最判平成2・4・17民集44巻3号547頁		80
最判平成5・3・16民集47巻4号3005頁		17
最大判平成5・3・24民集47巻4号3039頁		102
最判平成5・10・19民集47巻8号5061頁	［判例**11**］	42
最判平成6・10・25民集48巻7号1303頁		39
最判平成7・1・24民集49巻1号25頁		107,120
最判平成7・6・9民集49巻6号1499頁	［判例**19**］	74
最判平成7・9・19民集49巻8号2805頁	［判例**17**］	65
最判平成8・1・23民集50巻1号1頁		76
最判平成8・4・26民集50巻5号1267頁	［判例**13**］	48
最判平成8・5・31民集50巻6号1323頁		102
最判平成8・11・12民集50巻10号2673頁	［判例**03**］	10
最判平成9・2・14民集51巻2号337頁		13
最判平成9・5・27民集51巻5号2024頁		90

最判平成9・7・1民集51巻6号2452頁	［判例02］	7
最判平成9・9・9民集51巻8号3804頁		90
最判平成10・12・17判例集未登載		77
最判平成11・2・23民集53巻2号193頁		55
最判平成12・9・22民集54巻7号2574頁		87
最判平成13・3・13民集55巻2号328頁	［判例30］	116
最判平成15・7・15民集57巻7号815頁		119
最判平成15・10・16民集57巻9号1075頁		90
最判平成15・10・21民集57巻9号1213頁		40
最判平成16・2・13民集58巻2号311頁		80
最判平成16・7・15民集58巻5号1615頁		90
最決平成16・8・30民集58巻6号1763頁		5
最判平成16・11・12民集58巻8号2078頁	［判例28］	109
最判平成18・3・30民集60巻3号948頁	［判例21］	81,82
最判平成19・3・8民集61巻2号479頁	［判例15］	59
最判平成20・6・10民集62巻6号1488頁		64
最判平成20・6・12民集62巻6号1656頁		81
最判平成22・6・1民集64巻4号953頁	［判例06］	21
最判平成23・4・12民集65巻3号943頁		55
最判平成23・4・12労働判例1026号27頁		55
最判平成23・4・22民集65巻3号1405頁		2
最判平成24・2・21民集66巻3号955頁		55
最判平成25・4・12民集67巻4号899頁		120
最判平成27・4・9民集69巻3号455頁	［判例27］	105
最判平成28・3・1民集70巻3号681頁		108

高等裁判所

東京高判平成3・11・26判時1408号82頁	120
東京高判平成7・3・29金法1424号43頁	50
高松高判平成9・4・22判タ949号181頁	95
大阪高判平成9・12・4判時1637号34頁	77
福岡高那覇支判平成9・12・9判時1636号68頁	111
東京高判平成13・8・20判時1757号38頁	98
東京高判平成13・10・16判時1772号57頁	98

地方裁判所

新潟地判昭和46・9・29下民22巻9＝10号1頁	73

新潟地判昭和46・9・29判時642号96頁 ⸻⸻⸻⸻⸻ 86

津地四日市支判昭和47・7・24判時672号30頁 ⸻⸻⸻⸻ 86

熊本地判昭和48・3・20判時696号15頁 ⸻⸻⸻⸻⸻ 73

東京地判平成2・12・20判時1389号79頁 ⸻⸻⸻⸻⸻ 13

東京地判平成14・12・13判時1805号14頁 ⸻⸻⸻⸻⸻ 120

東京地判平成18・2・13判時1928号3頁 ⸻⸻⸻ ［判例**01**］ **3**

\ START UP /

民法④債権各論
判例 30!

2017年11月25日　初版第1刷発行
2023年 7 月20日　初版第3刷発行

著者	中原太郎
	幡野弘樹
	丸山絵美子
	吉永一行
発行者	江草貞治
発行所	株式会社有斐閣
	郵便番号　101-0051
	東京都千代田区神田神保町2-17
	https://www.yuhikaku.co.jp/
デザイン	堀 由佳里
印刷・製本	大日本法令印刷株式会社

©2017, Taro Nakahara, Hiroki Hatano,
Emiko Maruyama, Kazuyuki Yoshinaga.
Printed in Japan

落丁・乱丁本はお取替えいたします。
ISBN 978-4-641-13779-0

JCOPY 本書の無断複写（コピー）は，著作権法上での例外を除き，禁じられています。複写される場合は，そのつど事前に，（一社）出版者著作権管理機構（電話03-5244-5088, FAX03-5244-5089, e-mail: info@jcopy.or.jp）の許諾を得てください。

本書のコピー，スキャン，デジタル化等の無断複製は著作権法上での例外を除き
禁じられています．本書を代行業者等の第三者に依頼してスキャンやデジタル化す
ることは，たとえ個人や家庭内での利用でも著作権法違反です．